MULHER E CORAÇÃO
ASPECTOS PSICOLÓGICOS LIGADOS À CARDIOPATIA

ANA LÚCIA ALVES RIBEIRO
DENISE DE PAULA ROSA (ORGS.)

MULHER E CORAÇÃO
ASPECTOS PSICOLÓGICOS LIGADOS À CARDIOPATIA

PAPIRUS EDITORA

Capa: Fernando Cornacchia
Foto de capa: Rennato Testa
Coordenação: Beatriz Marchesini
Diagramação: DPG
Copidesque: Maria Lúcia A. Maier
Revisão: Margareth Silva de Oliveira
Solange F. Penteado

Dados Internacionais de Catalogação na Publicação (CIP)
(Câmara Brasileira do Livro, SP, Brasil)

Mulher e coração: Aspectos psicológicos ligados à cardiopatia/
Ana Lúcia Alves Ribeiro, Denise de Paula Rosa (orgs.). —
Campinas, SP : Papirus, 2004.

Vários autores.
Bibliografia.
ISBN 85-308-0741-3

1. Cardiologia – Aspectos psicológicos 2. Coração – Doenças –
Aspectos psicológicos 3. Doenças do coração em mulheres 4.
Mulheres – Psicologia I. Ribeiro, Ana Lúcia Alves. II. Rosa,
Denise de Paula.

04-0767   CDD-616.120082
                                                                NLM-WG 200

Índices para catálogo sistemático:

1. Cardiopatias em mulheres: Aspectos psicológicos: Medicina 616.120082
2. Mulheres: Doenças do coração: Aspectos psicológicos: Medicina 616.120082

Proibida a reprodução total ou parcial
da obra de acordo com a lei 9.160/98.
Editora afiliada à Associação Brasileira
dos Direitos Reprográficos (ABDR).

DIREITOS RESERVADOS PARA A LÍNGUA PORTUGUESA:
© M.R. Cornacchia e Editora Ltda. – Papirus Editora
Fone/fax: (19) 3272-4500 – Campinas – São Paulo – Brasil
E-mail: editora@papirus.com.br – www.papirus.com.br

SUMÁRIO

PREFÁCIO 7
Dra. Ieda Biscegli Jatene

1. O CORAÇÃO DA MULHER É DIFERENTE?
   ASPECTOS PSICOLÓGICOS 9
   Lilian L. Sharovsky

2. ADOLESCENTE CARDIOPATA: QUESTÕES LIGADAS
   À FEMINILIDADE 19
   Mariangela Bento e *Sumaira Abrão Alem Gaspar*

3. ASPECTOS PSICOLÓGICOS DA MULHER VALVOPATA 29
   Mônica Andreis

4. A MULHER PORTADORA DE CARDIOPATIA CONGÊNITA 37
   Ana Lúcia Alves Ribeiro e *Mauricio Alves Ribeiro*

5. A MULHER CARDIOPATA EM IDADE REPRODUTIVA: ASPECTOS
   PSICOLÓGICOS DA CARDIOPATIA E DA GRAVIDEZ 45
   Denise de Paula Rosa

6. ASPECTOS PSICOLÓGICOS DA MULHER CARDIOPATA
   NO CLIMATÉRIO 61
   Maria Elenita Corrêa de Sampaio Favarato

7. TRANSPLANTE CARDÍACO: AS DIFERENÇAS DE GÊNERO 75
   Ana Augusta Maria Pereira

8. FATORES DE RISCO DA DOENÇA ARTERIAL CORONÁRIA
   EM MULHERES: UMA VISÃO PSICOSSOMÁTICA 89
   Glória Heloise Perez

9. ASPECTOS EMOCIONAIS DA MULHER COM DOENÇA
   ARTERIAL CORONÁRIA 105
   Maria de Fátima Praça de Oliveira e Protásio Lemos da Luz

10. A MULHER CARDIOPATA E O TABAGISMO 113
    Silvia Maria Cury Ismael

11. A DEPRESSÃO NA MULHER CARDIOPATA:
    ASPECTOS PSICOLÓGICOS 123
    Maria José Camargo de Carvalho

12. REPERCUSSÕES DA CIRURGIA CARDÍACA NA IMAGEM
    CORPORAL FEMININA 145
    Sandra Vieira Cardoso

PREFÁCIO

Com o passar dos anos, a mulher lutou por igualdade de direitos sem jamais abrir mão de seus deveres. Entretanto, a mudança de hábitos – incluindo o fumo e o consumo de bebidas alcoólicas –, a dificuldade de colocação no mercado de trabalho – muitas vezes obrigando-as a dupla ou tripla jornada – e o estresse constante a que estão expostas acabaram por aumentar, e muito, o risco de doenças como as cardiopatias, incluindo as coronariopatias e as valvopatias, sem nos esquecermos das cardiopatias congênitas, especialmente na fase adulta. Dessa forma, surgiu um grupo de pacientes que necessita de atendimento específico, levando em consideração as diferenças existentes nesse grupo.

Assim, um livro que se preocupa em abordar os aspectos psicológicos da mulher cardiopata só vem enriquecer a bibliografia da especialidade, ajudando a entender melhor as diversas situações com que deparamos no dia-a-dia.

A elaboração desta publicação envolveu nomes conceituados e com experiência na área, o que seguramente privilegiará aqueles que a ela recorrerem.

Ao analisarmos os capítulos, podemos sentir a abrangência e a preocupação em tratar as diferentes faixas etárias e as dificuldades a elas inerentes no grupo de mulheres portadoras de algum tipo de cardiopatia.

Como diretora da Socesp, cardiologista e cardiopediatra, tendo tido a oportunidade de conviver com pessoas interessadas em divulgar conhecimento e com maturidade para elaborar uma obra como esta, só me resta cumprimentar os autores e parabenizar os leitores que dela se servirem.

É motivo de grande alegria ver coroado o esforço de profissionais de tão alto gabarito e poder recomendar mais esta contribuição desenvolvida e concluída em nossa sociedade.

Dra. Ieda Biscegli Jatene

1
O CORAÇÃO DA MULHER É DIFERENTE?
ASPECTOS PSICOLÓGICOS

Lilian L. Sharovsky

A inserção da mulher na sociedade desde os tempos remotos certamente guarda consigo uma especificidade que merece ser tratada.

O percurso da mulher até a atualidade atravessou diferentes conquistas e dificuldades que, pode-se dizer, geraram avanço e aprimoramento incontestáveis para a humanidade.

Iniciemos este capítulo com a caracterização de influências na determinação dos gêneros feminino e masculino.

A masculinidade e a feminilidade poderiam ser definidas por Freud (*apud* Laplanche e Pontalis, 2001) como a forma segundo a qual o sujeito humano se situa em relação a seu sexo biológico e sua interação com os demais aspectos conforme a descrição a seguir.

Os determinantes para masculinidade e feminilidade obedecem a três critérios que se influenciam mutuamente, trazendo complexidade ao tema: o primeiro é o significado biológico, que remete o sujeito a seus caracteres sexuais primários e secundários; o segundo é o significado sociológico, que varia segundo as funções reais e simbólicas atribuídas ao homem e à mulher na civilização considerada; e, por fim, o significado psicossexual, necessariamente relacionados aos anteriores, em especial no significado social (Laplanche e Pontalis 2001).

Para Joyce Mcdougall (1997), os modelos para feminino e masculino não são inatos, variam de uma cultura para outra e de uma época para outra numa mesma cultura.

Para Winnicott (1950), o sujeito nasce biológico, com potencial para se tornar um sujeito psíquico, sendo que a psique, aqui, "significa a elaboração imaginativa de partes, sentimentos e funções somáticas, isto é, da vivência física".

Segundo Lipovetsky (2000), do ponto de vista social, a história das mulheres poderia ser dividida em três momentos ao longo dos séculos. O primeiro momento é o da dominação estritamente masculina da sociedade: o destaque e o valor de todas as atividades nobres são restritos ao masculino e o lugar da mulher é meramente figurativo, para não dizer, depreciativo. Um único lugar de valorização restringe-se ao papel exclusivo da mulher dessa época: a maternidade. E ainda assim com destaque para a descendência que gera, "emprestando" seu corpo apenas para demonstração da virilidade masculina. Uma mulher desvalorizada, mas ao mesmo tempo temida pelas alterações dos humores, detentora de poderes diabólicos. Em algumas culturas, até mesmo o nascimento de uma menina era gerador de lamentações e preditor de desgraças à família.

O segundo momento é o da mulher adorada e venerada pelos seus méritos e virtudes; ela é tratada como um ser praticamente divino.

Por volta do século XVI, a mulher passa a ser valorizada pela importância do seu papel de mãe e de esposa. O lugar do homem mantém-se como a garantia da perpetuação da hierarquia social da época. A partir do século XVIII, a idéia é a de que a força do sexo fraco é imensa, detendo, apesar das aparências, o verdadeiro poder, com argumento de domínio sobre os filhos e de sua relevância para que os homens alcancem o sucesso. Vale lembrar o dito popular: "por trás de um grande homem há sempre uma grande mulher".

O terceiro momento abrange o século atual com todas suas conquistas: a dependência em relação aos homens já não é o determinante da condição feminina; seu destino social ganha autonomia, ela ganha acesso a tudo o que anteriormente era restrito ao mundo masculino, pelo menos nas culturas ocidentais.

A mulher conquista o direito à "autonomia de vôo" em relação a seu destino; hoje não lhe cabe "apenas" o papel da maternidade, cabe-lhe a escolha de seu parceiro – aquele com quem partilhar a vida e não mais a quem submeter-se e anular-se em nome da supremacia masculina –, de sua profissão, de seu lugar no mundo. Enfim, cabe a ela a possibilidade de escolher seu destino e responsabilizar-se por ele.

Desde os primórdios, as sociedades organizam-se pela diferenciação na distribuição de tarefas: as tarefas ditas masculinas e as tarefas ditas femininas. Observa-se que as tarefas masculinas, em várias sociedades, estão associadas a um fazer externo à vida doméstica. Em contrapartida, as tarefas do lar e os cuidados com os filhos são designados às mulheres. A herança cultural garantia a transmissão e a manutenção de padrões de comportamento masculinos e femininos.

Atualmente, a sociedade passa por um período de reacomodação de papéis, em que, por exemplo, os homens vêm ganhando a guarda dos filhos, e em que as mulheres vêm conquistando cargos profissionais e políticos anteriormente restritos aos homens. Assim, a entrada da mulher no mercado de trabalho, associada ao advento da contracepção, ganha destaque em razão de nossa herança cultural, de séculos convivendo e se satisfazendo com a total devoção ao outro (filhos, marido e reclusão doméstica) em detrimento da satisfação do próprio eu.

A mudança gradual na forma de inserção da mulher na sociedade ocidental, associada ao advento da contracepção, da escolha da maternidade, do parceiro, da separação conjugal, proporciona à voz feminina um poder socialmente ativo.

No entanto, quando se trata do coração simbolizando o centro dos afetos, torna-se inevitável associar o amor, a sensibilidade, à identidade da mulher. Os sentimentos estão diretamente ligados à constituição da identidade feminina. É como se estivesse reservado, no imaginário da humanidade, um lugar intocável destinado às mulheres, que é a necessidade de amar, de expressar o choro, o carinho, ao contrário do que é esperado dos homens: "homem que é homem não chora, isso é coisa de mulher".

O lugar dos sentimentos, sobretudo o apego ao amor, distingue-se secularmente para o homem e para a mulher; o que se observa é uma assimetria do investimento, dos sonhos e das aspirações entre os dois gêneros (Lipovetsky 2000).

Um grande amor é uma meta da mulher ainda hoje, mesmo que permeado por outras aspirações e desejos de conquista. Esse fenômeno é observado tanto entre adolescentes quanto em mulheres maduras, descasadas ou solteiras. O que modificou foi a maneira de buscar esse grande amor. Antes, o relacionamento afetivo era predeterminado, a mulher assumia um papel passivo em que o pai, ou alguém que legitimamente a representasse, escolhia esse "amor". Atualmente, a mulher tem um papel ativo nessa busca, escolhendo ela mesma seu destino, mas esse ainda é o seu sonho, indiferentemente da camada social à qual pertença.

Como conquistar seu parceiro ou sua parceira (no caso das mulheres homossexuais)?

A imprensa abastece o mercado mensal ou semanalmente com várias publicações destinadas ao universo feminino, cujo temário básico diz respeito à conquista de meios para tornar-se atraente, emagrecer, utilizar determinado vestuário para destacar-se das demais. Isso desde as publicações mais simples até às mais sofisticadas; ainda que se diferenciem na abordagem, a temática é a mesma. Esse é um fenômeno que se mantém há décadas: apesar de alterações no conteúdo que acompanham as mudanças da mulher na sociedade, esse temário (conquista) está invariavelmente presente nessas publicações.

Tantas conquistas, no entanto, trazem outras formas de conflito.

Qual o lugar do homem em nossa sociedade? Como conviver com a voz ativa da mulher atual, com a força de quem passou séculos à margem de possibilidades de escolha?

Na prática clínica, percebe-se que os homens com cerca de 70 anos, ao aposentarem-se definitivamente da atividade profissional, apresentam dificuldades significativas de envolver-se com atividades do lar, pois, para eles, ainda é a esposa a dona de ("da") casa. Por outro lado, como pais, ao verem seus próprios filhos homens desempenharem outro tipo de papel – de inserção na vida doméstica, familiar, afetiva –, sentem-se aviltados ("pobres homens, perderam a força!", relatam eles).

Evidenciam, assim, a dificuldade de aceitação desse novo papel do homem e da mulher na sociedade; esse fenômeno é mais freqüentemente observado em camadas desfavorecidas da sociedade. São, sobretudo, "os homens oriundos das classes mais marginalizadas, em outras palavras, os que são mais apegados às demonstrações tradicionais do poder masculino, esses são os que vivem mal a nova condição masculina" (Lipovetsky 2000).

Outro aspecto observado com a ascensão da mulher diz respeito à maternidade. Esse papel, mesmo na atualidade, não foi negligenciado pela maioria das mulheres, ainda que hoje elas possam escolher se querem ou não se tornar mães.

Parece que a maternidade vem sendo vivida como uma escolha prazerosa, que conta cada vez mais com o apoio de maridos e parceiros na divisão de tarefas do lar e no cuidado para com a prole. É evidente e inquestionável, ao longo dos séculos, a importância do cuidado materno, ou de quem o represente, assumindo os cuidados do bebê, a fim de garantir a preservação de sua vida e de sua integridade psíquica no futuro.

Winnicott (1999) estudou a situação inicial da unidade mãe/bebê/ambiente como sendo de dependência absoluta e na qual se dá a primeira experiência de todo ser humano: na dependência de uma *mulher* (grifo do autor) – que é a mãe.

É nesse estágio inicial que se desenha a saúde mental de alguém. Nessa fase, o amor só pode ser expresso fisicamente, em termos de cuidados básicos despendidos ao recém-nascido. Dessa forma, segundo Winnicott, para que o bebê se desenvolva, deve haver alguém que o "desabroche" e um ambiente que seja satisfatoriamente facilitador. Sendo assim, o alicerce da saúde mental do indivíduo é desenvolvido bem no início de sua vida, quando a mãe estabelece essa unidade com seu bebê e ele usufrui dessa dependência de maneira totalmente inconsciente. À medida que o tempo passa, explica Winnicott, a mãe, saudavelmente, vai se desadaptando das preocupações com seu bebê e dos cuidados dispensados a ele. É esperado que gradualmente resgate seus outros papéis no mundo.

Como conciliar isso à jornada de trabalho? A mulher teria condições para exercer com tranqüilidade esse momento tão fundamental para ela, para o bebê e, por que não dizer, para o futuro de nossa sociedade? Na prática clínica eventualmente há relatos de arrependimento pelo exercício de uma profissão, porém é mais freqüente ouvirmos a angústia referente à dificuldade de conciliar a tripla tarefa de ser mãe, esposa e profissional, além daquelas relativas à administração do lar.

Isso gera ansiedade na mulher, um estresse restrito ao universo feminino moderno, ainda que conte com o suporte emocional do marido ou do parceiro. Talvez em virtude da dificuldade de criar seu próprio modo de desempenhar o novo papel na sociedade, no que diz respeito às conquistas profissionais e ao exercício da maternidade, a mulher freqüentemente acabe adotando para si um ritmo profissional que, somado às outras tarefas desempenhadas por ela, gera maior probabilidade de adoecimento.

O ponto seguinte a ser tratado, então, deve ser o da saúde da mulher.

Dessa forma, comportamentos restritos ao universo masculino – como tabagismo, etilismo e níveis acentuados de estresse – passaram a fazer parte do universo feminino e cada vez mais as mulheres adoecem física e mentalmente, evidenciando a pressão psíquica pela qual vêm passando.

Como pode ser compreendida a relação sujeito-corpo nos dias atuais? Como as alterações fisiológicas normais da mulher e suas transformações ao longo da vida – menstruação, gestação, aleitamento e menopausa – vêm sendo tratadas?

Como a mulher lida com essas alterações fisiológicas perante seu novo papel na sociedade? Como encara o adoecimento, numa sociedade que, cada vez mais, cultua o corpo?

A constituição da subjetividade é possível através da realidade objetiva, do corpo e das exigências culturais, o corpo psíquico é um corpo ancorado no biológico, no fragmento que esse corpo, enquanto espaço somático, representa, com um destino desejante e uma permanente construção fantasmática. (Breyton, *et al.* 2002)

Por que tantos casos de anorexia nervosa, bulimia e, contraditoriamente, de obesidade? E o que dizer dos quadros depressivos muitas vezes ocultados por uma perseguição ao corpo perfeito?

As conquistas da mulher, em termos de garantia da possibilidade de um "eu", têm entrado em conflito com a banalização do corpo e sua excessiva exposição, e com a necessidade de perfeição que dele é exigida e que tanto as mulheres têm procurado. Embora a busca do embelezamento seja algo existente desde os primórdios, na prática clínica, observam-se relatos que vão da tirania patológica à magreza excessiva e relatos de alterações psíquicas não menos patológicas, associadas ao modo de vida, que geram obesidade. Tais relatos refletem alterações complexas intensamente associadas à esfera psíquica.

Será que esse culto ao corpo não seria uma tentativa de resgatar o papel anterior da mulher, da submissão ao masculino, da escravização do corpo, do belo, e de novamente distanciar-se do eu profundo para satisfazer o desejo do outro? Algo, como bem definiu Wolf, de "desforra estética":

> no momento em que as antigas ideologias domésticas, sexuais, religiosas perdem sua capacidade para controlar socialmente as mulheres, as injunções da beleza constituiriam o último meio de recompor a hierarquia tradicional dos sexos, de recolocar as mulheres em seus devidos lugares, de reinstalá-las em uma condição de seres que existem mais por seu parecer que por seu fazer social, absorvendo-as em preocupações estético-narcísicas. (*Apud* Lipovetsky 2000, p. 136)

O apelo atual atende a uma necessidade de esculpir o corpo, priorizando-se o externo. E o mundo interno, a significação do Eu? A vida imaginativa? A integração psique-soma? Essa não é destruída com o envelhecimento. No entanto, *para ocultar o envelhecimento do corpo,* são oferecidos diversos tratamentos médicos e estéticos, como se fosse possível apagar as marcas da trajetória da vida. Não estaria aqui a perda do enriquecimento mental? Não é possível apagar a marca psíquica do transcorrer natural dos anos de uma existência.

O aprisionamento estético, na atualidade, acaba por esvaziar corpo e psique de um sentido de existência, levando a uma inconsistência na constituição da subjetividade. Não se apregoa aqui uma incompatibilidade entre a possibilidade de constituição da subjetividade e os cuidados para com o corpo, mesmo porque esses últimos sempre acompanharam a humanidade. Questiona-se a idéia mágica de que garantindo a beleza física, custe o que custar, o indivíduo tem passaporte ilimitado para o bem-estar mental; na verdade, é a realidade interna que garante um significado à vida, um sentido de existência.

Como descreve Safra (1999, p 30), "as queixas mais freqüentes em nosso consultório referem-se à vivência de futilidade, de falta de sentido na vida, de vazio existencial, de morte em vida, um estado de dispersão de si mesmo".

A sociedade atual tem estimulado também o imediatismo, a intolerância à frustração, a impossibilidade do limite e o esvaziamento de valores, um corpo sem psique, esvaziado da história do sujeito.

Como ficaria, então, o adoecer numa sociedade onde se valoriza a perfeição? Seria a criação de um sem-lugar no mundo social? Na prática clínica com pacientes cardiopatas, observa-se que o adoecer é vivido como uma falha do indivíduo em se cuidar, como um fracasso que gera intenso sentimento de culpa e vergonha diante da geração "saúde". "Geração saúde" que mais parece um estereótipo, um clichê moderno, que propriamente a representação de um padrão de saúde consistente e aprofundado.

Os cuidados com o corpo, divulgados amplamente pela mídia, raramente expressam uma preocupação em prevenir o surgimento de doenças que comprometam a produtividade, a autonomia do indivíduo, e que garanta uma existência satisfatória. Ou algo que ajude o sujeito a encontrar algum sentido para isso.

Sem contar no acentuado número de mulheres acometidas por quadros depressivos já diagnosticados e naqueles em que o diagnóstico e o tratamento ainda não foram realizados. Percebe-se empiricamente que o uso de medicamentos antidepressivos tem sido indiscriminadamente utilizado, segundo relato dos próprios pacientes. Basta uma simples expressão de tristeza numa consulta para sair com uma prescrição que, aos olhos de vários pacientes, é a garantia de que dali para frente viverão "eternamente felizes". Desconhecem que o efeito da medicação não tem o poder de alterar qualitativamente os sentimentos e as representações presentes em seus conflitos intrapsíquicos. Os psicofármacos, de modo geral, não promovem, por si, a ressignificação e a transformação dos motivos subjetivos da angústia (Zarifian 1997).

Há uma cobrança indiscriminada na sociedade atual para que o sujeito seja são, feliz, não havendo espaço de continência para expressão do que não é considerado perfeito.

O mesmo raciocínio pode ser aplicado aos novos medicamentos que combatem a impotência sexual masculina: o relato desencantado de esposas e/ou maridos que se queixam de que mesmo com a droga não foi possível uma relação sexual prazerosa. Desencantam-se pela insuficiência de recursos emocionais que os impede de perceber que a potência fisiológica não garante a vivacidade do relacionamento, de que ele é nutrido por vários outros aspectos que a droga isoladamente não consegue tratar.

É preciso, sem dúvida, cuidar da saúde. Para isso, entre outras coisas, é preciso emagrecer, por exemplo, quando pensamos em termos de prevenção de cardiopatias, diabetes. Precisamos rever o que vem acontecendo com o ganho de peso ou com o seu oposto, a perda excessiva de peso, e com idéias distorcidas: "eu como somente um saco de batata frita diariamente e isso é tudo", diz o paciente A. O que tem de saudável nesse comportamento, em termos de garantir saúde física? Isso sem contar com o grave comprometimento psíquico já instalado. Pior é observar como mães, sobretudo das adolescentes, estimulam, patologicamente, comportamentos alimentares inadequados em nome da magreza anoréxica.

No caso da obesidade, seria a demonstração da impossibilidade para suportar frustrações, para tolerar limites, uma avidez por prazer imediato, por exemplo?

Apesar disso, é inegável o valor das conquistas femininas, que garantem a escolha do próprio destino, em vez daquele previamente traçado pela determinação onipotente do homem, autorizada pelo antigo modelo social. Há que se buscar, no entanto, um novo modelo de papel feminino na sociedade, que não seja baseado estritamente no modelo masculino.

Bibliografia

BREYTON, D.M.; ALONSO, S.L. e GURFINKEL, A.C. (orgs.) (2002). *Figuras clínicas do feminino no mal-estar contemporâneo*. São Paulo: Escuta, pp. 65-78.

LAPLANCHE, J. e PONTALIS, J.B. (2001). *Vocabulário da psicanálise*. 4ª ed. São Paulo: Martins Fontes, pp. 273-274.

LIPOVETSKY, G. (2000). *A terceira mulher: Permanência e revolução do feminino*. São Paulo: Companhia das Letras, pp. 59, 136, 231-239.

MACDOUGALL, J. (1997). *As múltiplas faces de Eros: Uma exploração psicanalítica da sexualidade humana*. São Paulo: Martins Fontes.

SAFRA, G. (1999). *A face estética do self: Teoria e clínica*. São Paulo: Unimarco, p. 13.

WINNICOTT, D.W. (1993). *Da pediatria à psicanálise: Textos selecionados*. Rio de Janeiro: Francisco Alves, pp. 355-374.

_____ (1999). *Tudo começa em casa*. 3ª ed. São Paulo: Martins Fontes, pp. 183-195.

WOLF, N. (2000). "The beauty myth". *In*: LIPOVETSKY, G. *A terceira mulher: Permanência e revolução do feminino*. São Paulo: Companhia das Letras, p. 136.

ZARIFIAN, E. (1997). "Os limites de uma conquista". *Boletim de Novidades da Livraria Pulsional*. São Paulo: *Escuta*, ano X, nº 99, pp. 33-36.

2
ADOLESCENTE CARDIOPATA: QUESTÕES LIGADAS À FEMINILIDADE

Mariangela Bento e
Sumaira Abrão Alem Gaspar

"Foi você quem me abriu?"

Essa questão foi formulada por uma adolescente a seu médico alguns dias após sua cirurgia. A partir desse questionamento, discutiremos um conjunto de aspectos e idéias que abordam o tema proposto: adolescente cardiopata. Após nossos aportes teóricos sobre o tema e já de posse da compreensão da subjetividade e dos conflitos inerentes à adolescência e à cardiopatia, voltaremos à questão da paciente, a fim de elucidarmos seu significado.

Este trabalho tem por objetivo questionar sobre a sexualidade e a feminilidade das adolescentes cardiopatas e de que modo as vivências específicas dessas pacientes relacionam-se com os conflitos típicos da sexualidade e da adolescência. Em outras palavras, indagamos *se* e *como* a cardiopatia pode interferir na subjetividade desses construtos.

Compreendemos o desafio e a proposta não é esgotá-lo, até porque Bion (*apud* Ferrari 1996) nos alerta sobre a adolescência: "Não é fácil dizer se o estado mental que estamos observando, ou que estamos estudando, está caindo em ruína ou está alcançando a maturidade".

Este trabalho tece articulações entre a feminilidade e seus possíveis caminhos para uma adolescente cardiopata. Para tanto, é necessário desmembrar o tema e, primeiramente, analisar os significados dos conceitos de feminilidade e adolescência e só então correlacionar os eventos e conflitos esperados nessa fase da vida com os obstáculos que a cardiopatia poderá impor ao sujeito.

No discorrer do trabalho far-se-á uso de conceitos de vários autores e do referencial teórico proveniente da psicanálise, a fim de fundamentar a discussão.

Para Freud, a diferença anatômica em si não define a diferença entre os sexos, porém a percepção dessas diferenças provoca conseqüências psíquicas, que, na verdade, serão as determinantes da masculinidade e da feminilidade (Freud 1987e). Segundo o mesmo autor, a diferenciação do homem e da mulher é um processo complexo, articulado ao desenvolvimento da pulsão sexual, e relativamente tardio, posto que os dois sexos são um só, pelo menos até a fase fálica: "não se encontra (...) para o ser humano (...) pura masculinidade ou feminilidade, nem no sentido psicológico, nem no biológico" (Freud 1987a).

O texto está se referindo ao conceito da bissexualidade inata do ser humano e à concepção de apoio, ou seja, a pulsão sexual é despertada por meio da pulsão de autoconservação no encontro com o outro semelhante. Assim, uma criança ao nascer terá seus cuidados básicos supridos pela mãe – ou por um substituto – que, ao executar as funções de cuidador, por meio de atividades como amamentação, cuidados com a higiene e o embalo para adormecer, está, sem saber disso, ao mesmo tempo despertando a pulsão sexual. Isso quer dizer que o contato físico, o calor do corpo da mãe, o seu tom de voz e a sensação de saciedade ao ser alimentado despertam no bebê mais um prazer. Um prazer que ultrapassa o significado do prazer de ter as necessidades básicas atendidas. Desse modo, o corpo de uma pessoa é entendido aqui não apenas como o corpo físico, mas também como um corpo erógeno. Um corpo revestido de libido, investido narcisicamente e capaz de ser fonte de prazer, principalmente quando os ideais são correspondidos (Freud 1987c).

No ápice da fase fálica, a criança depara com um conflito constitutivo do psiquismo que, neste caso particular, nos é muito útil. Estamos nos referindo ao Complexo de Édipo, que consiste, resumidamente, na identificação da criança com o genitor do mesmo sexo, adquirindo, portanto, as características correspondentes; bem como na escolha do genitor do sexo oposto como objeto de interesse. Depreenderemos desse conceito aquilo que nos é de especial atenção: na adolescência, após um período de latência das pulsões sexuais, será reeditado o resultado desse complexo, agora em sua versão adulta, ou seja, é nessa etapa da vida que o adolescente fará escolhas, no mundo externo, de pessoas e coisas que tenham sido de certo modo já determinadas em toda essa fase anterior, na infância (Freud 1987d).

Por isso, tanto o feminino como o masculino são considerados características que escapam ao alcance da anatomia; mas dizem respeito a posições subjetivas que são ocupadas em face da sexualidade.

Assim, o conceito de sexualidade, compreendido a partir desse referencial da psicanálise, é muito mais amplo do que o sentido estrito de prática genital. A sexualidade diz respeito à distinção entre os sexos e às formas de obter e proporcionar prazer; ao passo que a prática sexual diz respeito à função reprodutiva do ser humano. Portanto, na genitalidade não se exerce somente a função reprodutiva, mas também o prazer, a descarga de tensão e a relação libidinal com uma outra pessoa.

Desde o nascimento até a adolescência, temos a oportunidade de perceber que o conceito de sexualidade será construído subjetivamente baseado, sobretudo, nas primeiras relações de uma criança, ou seja, na relação com seus pais. Assim, estamos autorizadas a pensar que uma cardiopatia detectada precocemente em uma criança implica algumas mudanças nessa trajetória esperada de relações. É muito comum, e esperado, que a notícia do diagnóstico implique mudanças para os pais no seu modo de olhar e tratar o filho. A criança tão esperada não coincide com a idealização dos pais e, por essa razão, terá uma atenção diferenciada, comumente colorida por aspectos que dizem respeito a uma maior dependência, um meio de poupar os filhos para que nada lhes aconteça.

Além disso, quando a doença é nomeada, ou seja, quando o mal é objetivado para os pais por meio do diagnóstico e do prognóstico, abre-se espaço para a experiência subjetiva dos pais, ou melhor, seu confronto inevitável com a frustração e a impotência diante da doença do filho. Isso terá repercussões na adolescência.

Em Victor Hugo (*apud* Dolto 1990a) encontramos um dos primeiros registros do termo "adolescência", explicitado do seguinte modo: "Na adolescência os dois crepúsculos confundidos; o início de uma mulher com o fim de uma criança". Françoise Dolto (1990a) esclarece que não se trata exatamente de "crepúsculos confundidos", mas sim a aurora de um adulto no crepúsculo de uma criança.

A adolescência pode ser entendida como o processo psíquico desencadeado pelas alterações pubescentes ocorridas em torno dos 11 ou 12 anos de idade. Assim, usaremos o termo *adolescência* para nos referirmos à experiência subjetiva que é conseqüência dessa mudança ocorrida no corpo e nos processos fisiológicos. Por isso a adolescência pode se estender nos anos e não findar apenas em razão das modificações biológicas.

No enfoque aqui descrito, a adolescência não se refere a uma faixa etária que transita pela mera passagem no tempo, culminando inexorável e fatalmente na idade adulta. A adolescência diz respeito às mudanças subjetivas que um sujeito tem de operar para lidar com as metamorfoses que levam à maturidade genital e ao exercício da sexualidade genital de fato, e não mais executadas em nível fantasioso, o que implica necessariamente uma mudança do adolescente em relação ao mundo externo, já que, de agora em diante, poderá ter acesso a escolhas e a práticas que até então não se concretizavam, tais como a experiência amorosa e a sexual.

Segundo Rappaport (1993), essa fase é o momento em que o sujeito deve se reapropriar de uma imagem do corpo que foi radicalmente transformada pelas mudanças biológicas. Logo, essa imagem é influenciada de quatro maneiras diferentes e complementares, a saber:

1) modificação dos atributos físicos: início do crescimento de pêlos e alargamento de quadril que altera a silhueta e outros;
2) modificação nas funções: a menarca e o despertar da genitalidade;

3) essas mudanças implicam semelhança com o corpo adulto do genitor do mesmo sexo;

4) como conseqüência dessas mudanças, o olhar do adolescente ou do adulto do outro sexo começa a ter significado especial.

Há, portanto, uma mudança fundamental no valor do corpo em relação à infância – a genitalidade é privilegiada e tal fato gera uma nova necessidade que tem suas origens no psíquico. Essa necessidade é a de que o corpo assuma sua importância como veículo de contato com o outro e com o exercício pleno da genitalidade; portanto, o corpo passa a exigir ser reconhecido como um corpo desejável e desejante.

Na adolescência, o corpo, que poderíamos chamar de suficiente, desenvolvido, não encontra suporte adequado na imagem da infância anteriormente desenvolvida. O adolescente não encontra instrumental para poder com o novo valor do corpo, que, por assim dizer, é mais forte do que ele. Queremos reafirmar que o corpo, quer seja por seu desenvolvimento físico, quer apenas pela maturação psicológica, faz exigências ao adolescente que ele nem sempre compreende e muito menos tem recursos internos e externos para saciar, ficando por vezes à mercê desses estímulos.

O corpo, nessa fase, revela-se invadido repentinamente por uma torrente de desejos sexuais que ele não pode represar, a puberdade oferece ao adolescente um corpo apto a realizar suas fantasias.

Podemos entender a adolescência como um processo que envolve um trabalho imperativo: não é mais possível retornar ao mundo destruído da infância, nem avançar o progresso que destruiu aquilo cujo desaparecimento ele lamenta. Podemos entender esse processo como um trabalho que envolve um luto. O luto implica um trabalho psíquico que consiste em superar a tristeza pelo perdido e que resultaria na possibilidade de encontrar um novo lugar, um novo significado para as antigas e as novas experiências (Freud 1987b).

Na adolescência, portanto, existe o confronto irrevogável com as mudanças do corpo, e o adolescente responde ao reencontro com a sexualidade, mas não como um adulto, e sim com seus próprios meios, os de alguém que está tentando organizar seu novo lugar. A adolescência propicia a recolocação das vivências infantis, mas, ao mesmo tempo, desencadeia a oscilação entre a permanência num lugar familiar de criança e a autonomia.

Intrinsecamente, nesse processo, está a família. Nesse período, existe a necessidade de um afastamento dos pais, tanto em nível fantasioso como real. Os pais são participantes ativos no processo, são solicitados pelas mudanças nos filhos. Os pais são forçados a reconhecer a genitalidade dos filhos e a ressituar-se em relação à própria sexualidade, confrontar-se com o envelhecimento e, no sentido amplo, com a própria finitude (Aberastury 1990). Assim, se relembrarmos a posição importante que os pais de crianças com cardiopatia ocupam, observaremos que esse processo se torna mais complicado para esses jovens, haja vista que sua deficiência provavelmente demandou maiores cuidados dos pais e, portanto, a dependência a essas figuras está mais acirrada, o que compromete o processo de adolescer.

A cardiopatia adolescente pode ser de origem congênita ou adquirida; são más-formações na maioria das vezes diagnosticadas logo após o nascimento e que, comumente, trazem algumas restrições, principalmente no tocante ao esforço físico. As cardiopatias congênitas são más-formações anátomo-funcionais e podem ser acianogênicas ou cianogênicas. Esta última confere uma coloração azulada nas extremidades e nas mucosas e pode ter graus de complexidade variados. As adquiridas são cardiopatias que não são decorrentes de má-formação congênita, ou seja, são decorrentes de outras patologias, tal como a febre reumática. Entre as adquiridas, destacam-se as valvopatias e as arritmias.

O tratamento das cardiopatias pode ser cirúrgico ou clínico, de acordo com a indicação médica.

Os leitos de internação do Instituto do Coração (Incor) são predominantemente destinados a pacientes que se submeterão ao tratamento cirúrgico, portanto, quando abordarmos aspectos relacionados à hospitalização, estaremos nos restringindo a essa modalidade de tratamento.

Nos atendimentos a adolescentes de ambos os sexos do Incor, observamos que, no processo de adolescer propriamente dito, o confronto com o corpo se sobrepõe e assume uma relevância maior do que a idéia e as preocupações conscientes com a cardiopatia, com a internação e com a cirurgia. Porém, a cardiopatia é identificada como um fator que dificulta a tarefa da adolescência, haja vista que deixará suas marcas registradas no veículo que move o processo de adolescer, isto é, no corpo. Encontramos nesses jovens uma relação de dependência muito intensa que resulta numa conseqüente dificuldade de afastamento dos pais. Em outras palavras, a cardiopatia traz dificuldades naquilo que se refere ao posicionamento diante das mudanças que estão se operando.

Especificamente em relação à menina, é a partir do alargamento do quadril, do desenvolvimento dos seios e do advento da menarca que o processo da adolescência é visivelmente instaurado.

A menstruação sinaliza para as meninas, e para os demais à sua volta, o seu possível acesso à genitalidade. Existe um elo entre a sexualidade feminina e a função de reprodução humana, um corpo que menstrua é um corpo capaz de consumar uma relação sexual e de gestar.

Gesell (*apud* Dolto 1990a), em seus estudos sobre o crescimento e a sexualidade, observou nas meninas um interesse por aspectos sociais, por aspectos complexos da reprodução, por aspectos morais do sexo e, evidentemente, o interesse pelos meninos.

A menina, no exercício da sua sexualidade, seleciona o que vai penetrá-la, o que vai receber, aceitar, recusar, acolher e o que poderá despertar o seu desejo. É o exercício do ser desejável e desejante (Freud 1987f).

Chegamos, então, ao ponto onde articulamos todos os temas até aqui desmembrados: a sexualidade feminina na adolescente cardiopata. Entendemos que as ansiedades peculiares até esse momento evolutivo têm sua origem na preocupação dos adolescentes com as modificações que se processam em seus corpos e com as demandas instintivas que acompanham essas modificações. O corpo assume um valor extraordinário, pois é por meio dele e também a partir dele que o adolescente se colocará no mundo.

Podemos agora voltar nossa atenção ao questionamento feito pela menina de 15 anos: "Foi você quem me abriu?".

Poderíamos simplesmente entender essa pergunta como a indagação curiosa de uma paciente sobre quem foi o cirurgião que a operou, e a resposta poderia ser sintetizada em uma afirmativa ou em uma negativa, dependendo do caso.

Porém, é com base em nossa compreensão sobre o corpo, que desde o nascimento está impregnado pela significação dos acontecimentos associados às novas experiências, que vamos escutar essa frase.

Entendemos ser um apelo para que alguém ajude essa jovem a dar significado simbólico ao que lhe ocorre subjetivamente. A especificidade da escuta psicológica consiste na compreensão de que com tal questão a paciente pode estar nos remetendo ao corpo erógeno, aquele investido libidinalmente, e que nessa etapa da adolescência se torna estranho no nível dos atributos da sexualidade e ainda singularmente estranho para a cardiopata.

Essa fala nos remete também à questão do feminino, na medida em que interroga a autoria daquele que manipulou e abriu o seu corpo, enquanto se encontrava numa posição vulnerável, passiva, incapaz de se defender e de utilizar seus recursos de escolha. Uma tentativa de resgatar a possibilidade de selecionar aquilo que vai penetrá-la, aquilo que vai aceitar, e de controlar a angústia da fantasia despertada de ter sido violada (Freud 1987f). Salientamos que essa fantasia está presente independentemente da crença e da compreensão intelectual de que a cirurgia e seus procedimentos trarão benefícios. Essa fantasia diz respeito à interpretação subjetiva, que é uma manifestação da vida psíquica de todas as pessoas, mas que pode adquirir um colorido especial na adolescência, ainda mais se o adolescente tiver que se ver com as questões referentes à cardiopatia.

Observemos a angústia expressa na frase de uma menina de 15 anos, quando se encontrava em período pré-operatório: "As minhas unhas e lábios roxos não me incomodam, o que vai ser ruim é a cicatriz".

A cirurgia deixa uma cicatriz que normalmente vai ser significada a partir do repertório da adolescente. Essa cicatriz pode ser a marca da impossibilidade para perceber o seu corpo como desejável; pode ser a marca da impossibilidade de esquecer a patologia do coração. Entretanto, pode ser também a marca da possibilidade para perceber-se curada, e, evidentemente, as conseqüências daí advindas – principalmente a mudança no lugar familiar anteriormente ocupado, que comumente é um lugar de atenção especial. Assim, podemos delinear o conflito daí advindo e do qual o adolescente terá que se livrar. Por um lado, a marca cirúrgica o lembra que pode estar curado, mas, por outro, isso necessariamente acarreta a perda do lugar privilegiado, resguardado de frustrações, acalentado até então.

Uma outra paciente cardiopata demonstra a seguinte preocupação: "Será que agora que operei, vou poder ter filhos um dia?".

A contra-indicação da gestação para algumas cardiopatas é factual. A ponte existente entre a sexualidade feminina e a função de reproduzir levará a adolescente ao questionamento de quão mulher ela poderá ser, caso ela não possa ser mãe. Portanto, quando essa contra-indicação está presente, pode interferir no processo da construção da imagem de mulher. Desse modo, mais uma tarefa se impõe: a do reconhecimento da feminilidade como uma conquista desvinculada da maternidade.

Uma das principais influências que a cardiopatia traz para a sexualidade feminina da adolescente é a dificuldade em perceber-se desejável, e, conseqüentemente, um retraimento no exercício da sexualidade. Podemos afirmar que tal inibição propicia a perpetuação da ligação de dependência com as figuras parentais.

Concluindo, a cardiopatia é identificada como um fator que dificulta as tarefas da adolescência, posto que a ligação de dependência parental dificulta o afastamento tão necessário na relação pais e filho, interferindo no que se refere à autonomia e à confiança na capacidade de suprir-se. Desse modo, apontamos que a correção cirúrgica da má-formação cardíaca pode não ser suficiente para desfazer o que foi construído subjetivamente.

O processo de constituição psíquica do sujeito precocemente atingido por uma cardiopatia não é mais ou menos restrito ou diferenciado dos sujeitos fisicamente sadios: ambos estão sujeitos às mesmas vicissitudes. Porém, a cardiopatia é mais uma particularidade que deverá ser significada, incluída por meio de um trabalho de elaboração na história subjetiva do adolescente.

Assim, a tarefa para o psicólogo constitui-se em oferecer uma escuta geradora de sentidos que facilite ao adolescente o trabalho ativo de incluir as interferências que a cardiopatia possa desencadear. Desse modo, visamos encarar conflitos para que novas e singulares soluções possam ser vislumbradas. Por fim, ressaltamos que o trabalho com essas adolescentes é composto por um saber inacabado, que inclui as idéias de castração e finitude, favorecendo a possibilidade de o sujeito historiar-se e projetar-se para o futuro.

Bibliografia

ABERASTURY, A. e KNOBEL, M. (1981). *Adolescência normal*. Porto Alegre: Artmed.

ABERASTURY, A. *et al.* (1990). *Adolescência*. 6ª ed. Porto Alegre: Artmed.

DOLTO, F. (1988). *Psicanálise e pediatria*. 4ª ed. Rio de Janeiro: Guanabara Koogan.

DOLTO, F. (1990a). *A causa dos adolescentes*. 2ª ed. Rio de Janeiro: Nova Fronteira, pp. 40, 66-69.

_____ (1990b). *Seminário de psicanálise de crianças 2*. 1ª ed. Rio de Janeiro: Guanabara Koogan.

FERRARI, B.A. (1996). *Adolescência: O segundo desafio*. São Paulo: Casa do Psicólogo.

FREUD, S. (1987a). "Três ensaios sobre a teoria da sexualidade". *Um caso de histeria e três ensaios sobre sexualidade*, vol. VII. Rio de Janeiro: Imago, pp. 129-250. (Obras Psicológicas Completas)

_____ (1987b). "Luto e melancolia". *História do movimento psicanalítico*, vol. XIV. Rio de Janeiro: Imago, pp. 275-296. (Obras Psicológicas Completas)

_____ (1987c). "Sobre o narcisismo: Uma introdução".*História do movimento psicanalítico*, vol. XIV. Rio de Janeiro: Imago, pp. 89-122. (Obras Psicológicas Completas)

_____ (1987d). "A dissolução do Complexo de Édipo". *O ego e o id*, vol. XIX. Rio de Janeiro: Imago, pp. 217-228. (Obras Psicológicas Completas)

_____ (1987e). "Algumas conseqüências psíquicas da distinção anatômica entre os sexos". *O ego e o id*, vol. XIX. Rio de Janeiro: Imago, pp. 303-322. (Obras Psicológicas Completas)

_____ (1987f). "Sexualidade feminina". *O futuro de uma ilusão*, vol. XXI. Rio de Janeiro: Imago, pp. 303-322. (Obras Psicológicas Completas)

_____ (1987g). "Romances familiares". *Delírios e sonhos na "Gradiva" de Jensen*, vol. IX. Rio de Janeiro: Imago, pp. 243-250. (Obras Psicológicas Completas)

MANNONI, M. (1981). *A primeira entrevista em psicanálise*. 1ª ed. Rio de Janeiro: Campos.

NÁSIO, J.D. (1989). *Lições sobre os sete conceitos cruciais da psicanálise*. 6ª ed. Rio de Janeiro: Zahar.

RAPPAPORT, C.R. (1993). "Introdução". *In*: RAPPAPORT, C.R. (org.). *Adolescência: Abordagem psicanalítica*. 1ª ed. São Paulo: EPU, p. 16.

3
ASPECTOS PSICOLÓGICOS DA MULHER VALVOPATA*

Mônica Andreis

Introdução

Abordar as peculiaridades da cardiopatia valvar em mulheres revela-se tarefa árdua, pois se trata de um tema específico e poucos estudos o analisam diretamente. No entanto, é significativo o número de mulheres portadoras de doença valvar, especialmente estenose mitral. Segundo Sampaio e Grinberg (1996), a predominância feminina atinge até dois terços dos casos. De acordo com os autores citados, 58% dos pacientes submetidos à cirurgia valvar no período de 1991 a 1996 no Instituto do Coração, em São Paulo, foram do sexo feminino. Dentre as demais valvopatias, também o prolapso valvar mitral é mais freqüente no sexo feminino (Amato 2003).

Analisar o universo psicológico desse grupo de mulheres portadoras de valvopatias, considerando os diversos elementos envolvidos na evolução da doença, é o objetivo primordial deste capítulo.

---

* Agradeço com carinho a doutora Amália Pelcerman, médica cardiologista, a revisão deste capítulo.

Etiologia

A doença reumática ainda é considerada importante causa de valvopatias em nosso meio, além das alterações degenerativas e do prolapso valvar mitral.

Em casos de etiologia reumática, vale lembrar a importância de se observar a forma pela qual é compreendida a doença e sua instalação. Como já descrito em estudo anterior (Andreis 1995), há a possibilidade de ocorrência de um processo de culpabilização, dado que, em última instância, considera-se que a valvopatia poderia ser evitada mediante detecção e tratamento precoce de processos infecciosos (como amigdalite estreptocócica), o que está associado à profilaxia primária da febre reumática.

Em minha prática clínica, já pude observar diferentes manifestações desse processo, como o valvopata que questiona a atitude dos pais ou da equipe de saúde no passado, ou do próprio familiar que se culpa pela evolução da enfermidade. Recordo-me especialmente de uma paciente que estoicamente enfrentava quaisquer limitações, já tendo sido submetida a quatro cirurgias para troca valvar. Dizia jamais demonstrar suas fraquezas à família, pois sabia que sua mãe se sentia culpada, e que manifestar explicitamente qualquer queixa poderia vir a intensificar essa culpa. Assim, conhecer a representação pessoal que o paciente tem de sua doença pode auxiliar na compreensão de seu dinamismo psicológico e no manejo do caso.

Diagnóstico e tratamento

Outro aspecto a considerar refere-se à etapa em que comumente se realiza o diagnóstico da valvopatia, freqüente em mulheres jovens, na adolescência ou no período reprodutivo (até 40 anos), com implicações diversas para a vida pessoal e para o planejamento futuro.

Destaca-se, em primeiro lugar, que um diagnóstico de cardiopatia é sempre objeto de sensibilização emocional, visto tratar-se de órgão vital e carregado de elementos simbólicos em nossa cultura.

Além disso, a perspectiva de conviver com uma doença crônica requer o uso de mecanismos adaptativos que dependem das características individuais e também da coletividade da qual o indivíduo faz parte. Aceitar eventuais limitações decorrentes da enfermidade ou do tratamento e desenvolver suas potencialidades a despeito disso é meta desejável, porém, às vezes, de difícil alcance.

Um aspecto que favorece tal perspectiva é dado pelo avanço nas técnicas diagnósticas e terapêuticas, fazendo com que hoje se conte com recursos especializados para detecção e tratamento das valvopatias, o que proporciona, melhora da qualidade de vida desses pacientes (Walter et al. 1992).

No caso de intervenção cirúrgica, freqüentemente indicada a valvopatas, destaca-se a importância da comunicação prévia quanto ao procedimento – especialmente na troca valvar –, às características da prótese a ser implantada e suas repercussões. As bioproteses apresentam menor risco de tromboembolismo, mas têm também menor durabilidade em relação à prótese mecânica. Esta última implica uso diário de anticoagulante oral, o que supõe precisa adesão às recomendações, podendo produzir um ruído incômodo a alguns pacientes (Thulin 1989).

Contando com uma equipe interdisciplinar, tal preparo deve ser realizado conjuntamente, sendo incentivada a participação ativa do paciente em seu tratamento e em sua recuperação (Andreis 1995).

Planejamento familiar

No que concerne mais especificamente às mulheres, questões relativas ao planejamento familiar também devem ser abertamente discutidas. Envolvem a escolha de métodos anticoncepcionais mais adequados e, no caso de gravidez, o monitoramento durante o ciclo gravídico-puerperal.

De acordo com Almeida et al. (1994), três pontos principais deveriam ser contemplados em consulta prévia à concepção:

1. seleção do método anticoncepcional;
2. planejamento cuidadoso da gestação, tanto pelo aspecto materno quanto fetal;
3. a contra-indicação de gestação em determinadas situações.

Lopes *et al.* (1996) referem que é preciso mencionar as possíveis influências da cardiopatia sobre a evolução da gestação, bem como aquelas da gestação sobre a cardiopatia. Possíveis intercorrências sobre o feto, quer pelo risco inerente à doença cardiocirculatória como pelo risco decorrente da terapêutica materna, devem também ser esclarecidas.

Para tal, a integração entre ginecologista/obstetra, cardiologista e psicólogo é de grande valia, uma vez que diversos aspectos permeiam essa decisão. De posse de informações esclarecedoras e orientadas, cabe à paciente ou ao casal refletir e optar diante de alternativas para seu caso.

Vale lembrar que o aconselhamento visa propiciar condições para uma vida sexual e reprodutiva plena, que permita à paciente "não só ter filhos, mas cuidar deles e compartilhar a vida com eles" (Lopes *et al.* 1996).

Casos extremos de contra-indicação de gestação ou de sua interrupção precoce em portadoras de cardiopatia são considerados apenas em situações muito graves e envolvem dilemas éticos e clínicos (Moron *et al.* 1994; Lopes *et al.* 1996).

Almeida *et al.* (1994) destacam que a paciente cardiopata deve estar preparada para a limitação da prole, o que está associado à gravidade da cardiopatia. Meneghelo *et al.* (1994) chegam a afirmar que a orientação a ser dada às portadoras de prótese valvar é que tenham apenas um filho e que isso justamente deva ser abordado no planejamento familiar. Isso ocorre porque há o risco de descompensação de lesões valvares no período gestacional, constituindo-se ainda em desafio o manejo da doença valvar nesse período.

Gravidez em valvopatas

A percepção da gestação marca o início de uma nova fase na vida da mulher e de sua família; é um período caracterizado por mudanças complexas, que envolve diversas alterações metabólicas e psicossociais. É freqüente experienciar na gravidez intensas emoções, como alegria, realização, plenitude, e também ansiedade, medo e insegurança. Por estar associada a um marco no ciclo de vida, considera-se a gestação uma crise vital, que contém em si elementos ansiógenos mas possivelmente transformadores.

Aspectos diversos interferem na maneira pela qual tal condição será vivenciada: agentes internos e externos influenciam-se mutuamente. Assim, as condições clínicas da gravidez devem ser consideradas, bem como as características de personalidade da gestante e as diversas reações das pessoas a seu redor, como as do pai da criança, de familiares e amigos.

No caso das mulheres valvopatas, a gestação é considerada de risco pela possibilidade de desestabilização da doença valvar.

Segundo Ávila e Grinberg (1994), a cardiopatia reumática crônica corresponde a cerca de 50% das doenças cardíacas observadas no ciclo gravídico-puerperal, em nosso país. O percentual elevado deve-se à incidência dessa doença em mulheres na idade reprodutiva.

De qualquer modo, revela-se fundamental a adequada assistência pré-natal, possibilitando redução da mortalidade materno-fetal, e a evolução clínica favorável na gravidez.

Nas portadoras de próteses valvares cardíacas, Meneghelo *et al.* (1994) argumentam que as bioproteses (ainda que de menor durabilidade) revelam-se de melhor prognóstico e de mais fácil manuseio no ciclo gravídico-puerperal, o que faz com que muitas vezes sejam preferencialmente indicadas nos casos em que a mulher deseja engravidar, o que é reiterado por Lupton *et al.* (2002). No entanto, trata-se de tema controverso e ainda se discute sobre a prótese mais apropriada em idade fértil.

Um caso ilustrativo será brevemente apresentado a seguir, possibilitando compreender essa problemática em situações de prática clínica.

Refere-se a uma paciente de 16 anos, portadora de bioprótese, em programação para segunda cirurgia de troca valvar, em que se questiona o implante de nova prótese biológica ou mecânica. A equipe concebe as duas possibilidades, dando preferência à bioprótese, em caso de gestação futura, e expõe a situação à paciente e aos seus responsáveis.

Os pais, temerosos em relação à vida da filha e às futuras reoperações, manifestam-se favoráveis ao implante da prótese mecânica. A própria paciente, no entanto, reivindica seu direito de engravidar com menor risco e declara sua opção pela válvula biológica, ainda que implique necessidade de nova cirurgia. Felizmente, a partir da discussão aberta de ambos os pontos de vista, chegou-se a um consenso: os pais cederam ao desejo da filha e acataram sua decisão pela bioprótese. Aos 21 anos a jovem engravidou e com 22 fez nova cirurgia de troca valvar, dessa vez com implante de prótese mecânica.

Pode-se dizer que nesse caso houve uma resolução a contento e princípios éticos e clínicos foram respeitados. Ainda assim, situações de grande estresse foram experienciadas e não devem ser negligenciadas ou menosprezadas.

A questão complementar dos riscos associados a uma gestação futura (que se soma às demais a serem enfrentadas, como aquelas da própria enfermidade, da hospitalização e da cirurgia) representa mais um limite a ser aceito por uma jovem que, como muitas de sua idade, desejam liberdade de escolha e tendem a desafiar os limites. Enfrentá-la implica utilizar recursos internos adaptativos, vitalidade e força egóica, com capacidade de tolerância à frustração e de elaboração de situações de perda.

Mesmo que a cardiopata seja particularmente consciente e adaptada, fazem-se também necessárias a compreensão e a cooperação familiar e do cônjuge ou parceiro, que, tal como a própria paciente, devem confrontar suas aspirações à realidade.

Além disso, vivenciar uma gravidez, por si só, constitui-se já em intensa mobilização emocional, o que se multiplica no caso da gestação de risco. Sentimentos ambivalentes, freqüentes no início da gestação, podem aqui acentuar-se, principalmente se houver despreparo, desinformação ou rigorosa restrição.

Nesse sentido, o apoio interdisciplinar, com a presença do psicólogo na equipe, pode favorecer a expressão e a elaboração de angústias e conflitos decorrentes dessa situação.

Destaca-se que desde 1958, quando ocorreu a primeira gravidez bem-sucedida em pacientes com prótese valvar (Meneghelo *et al.* 1994), muito se tem evoluído e certamente o manejo dessas pacientes tem-se aprimorado. Porém, constitui-se ainda um desafio, e associar recursos revela-se promissor para uma evolução cada vez mais favorável desses casos.

Prolapso valvar mitral

Muito estudado desde 1963, o prolapso valvar é mais freqüente no sexo feminino e ocorre em 6% das mulheres (Amato 2003). Em virtude disso e de peculiaridades do quadro, é que brevemente o abordaremos neste capítulo.

A gravidade do prolapso valvar é variável, porém maior nos homens; estes comumente apresentam sintomas de insuficiência valvar, redundância e insuficiência cardíaca, enquanto nas mulheres os sintomas muitas vezes são inespecíficos, como palpitações, dor torácica, dispnéia e ansiedade (Sampaio e Grinberg 1996). Mesmo em gestantes, "pacientes com diagnóstico ecocardiográfico de prolapso sem incompetência valvar ou arritmia cardíaca devem ser orientadas quanto à benignidade da doença e aconselhadas a manter as atividades habituais" (Ávila e Grinberg 1994).

Em razão do tipo de sintomatologia, semelhante à apresentada no transtorno do pânico, destaca-se mais uma vez (Andreis 1995) a importância do diagnóstico diferencial ou concomitante para adequado encaminhamento e tratamento dessas pacientes.

Bibliografia

ALMEIDA, P.A.M. *et al.* (1994). "Planejamento familiar em mulheres cardiopatas". *Rev. Soc. Cardiol. Estado de São Paulo*, nº 6, pp. 605-609.

AMATO, M.C.M. (2003). "Entenda o prolapso da valva mitral", 23/7. [Disponível em: www.amato.com.br/checkup/prolapso.html]

ANDREIS, M. (1995). "Assistência psicológica ao paciente valvopata". *In*: OLIVEIRA, M.F.P. e ISMAEL, S.M.C. (orgs.). *Rumos da psicologia hospitalar em cardiologia.* Campinas: Papirus.

ÁVILA, W.S. e GRINBERG, M. (1994). "Doença valvar e gravidez". *Rev. Soc. Cardiol. Estado de São Paulo*, nº 6, pp. 533-537.

LOPES, C.M.C. *et al.* (1996). "Planejamento familiar para a mulher portadora de cardiopatia". *Rev. Soc. Cardiol. Estado de São Paulo*, nº 6, pp. 763-774.

LUPTON, M. *et al.* (2002). "Cardiac disease in pregnancy". *Curr. Opin. Obstet. Gynecol.*, 14(2), abr., pp. 137-143.

MENEGHELO, Z.M. et al. (1994). "Gravidez em portadoras de próteses valvares cardíacas". *Rev. Soc. Cardiol. Estado de São Paulo*, nº 6, pp. 597-604.

MORON, A.F. et al. (1994). "Aspectos éticos da interrupção da gravidez em gestantes cardiopatas". *Rev. Soc. Cardiol. Estado de São Paulo*, nº 6, pp. 610-613.

SAMPAIO, R.O. e GRINBERG, M. (1996). "Cardiopatia valvar na mulher". *Rev. Soc. Cardiol. Estado de São Paulo*, nº 6, pp. 757-762.

THULIN, L.I. (1989). "Quality of life and mechanical heart valva sound". *Cor Vasa*, 31(2), pp. 134-138.

WALTER, P.J. et al. (1992). "Quality of life after heart valve replacement". *J. Heart Valve Dis.*, 1(1), set., pp. 34-41.

4
A MULHER PORTADORA DE CARDIOPATIA CONGÊNITA

Ana Lúcia Alves Ribeiro e
Mauricio Alves Ribeiro

Cardiopatia congênita refere-se à doença cardíaca estrutural ou funcional, já presente por ocasião do nascimento, ainda que seja descoberta muito mais tarde. A incidência da cardiopatia congênita é cerca de 1% entre os nativivos, não diferindo significativamente nos diversos países e não tendo sofrido alterações significativas nos últimos 30 anos. Entretanto, já que existe um componente genético causador das más-formações, até 10% dos descendentes de pais portadores de cardiopatias congênitas serão também afetados, visto que a maioria dos pacientes sobreviverá e poderá ter filhos, ocorrerá um lento aumento na incidência de cardiopatias congênitas.

O tratamento dessas cardiopatias é geralmente cirúrgico, envolvendo, nos casos mais complexos, a realização de sucessivas cirurgias com o objetivo de permitir o desenvolvimento da criança para possibilitar a correção total em um segundo tempo.

Apesar dos inúmeros avanços no diagnóstico, na terapêutica cirúrgica e clínica e no prognóstico desses pacientes, muitos não recebem o tratamento adequado na infância, seja pela ausência do diagnóstico, seja pela recusa familiar ao tratamento.

Há ainda um outro grupo de pacientes que se beneficiaram dos avanços nas últimas décadas, apesar da complexidade de suas cardiopatias. Após tratamentos adequados na infância, conseguem atingir a vida adulta e inúmeras vezes serão submetidos a novos tratamentos cirúrgicos durante a vida. Neste capítulo não abordaremos os pacientes deste último grupo.

Atualmente, em face da melhoria do acompanhamento e do tratamento desses pacientes, pode-se esperar que até 90% atinjam a vida adulta. Assim, a cardiopatia congênita nos adultos tornou-se uma nova área de interesse.

As cardiopatias congênitas podem ser simples ou complexas, de acordo com a complexidade das alterações anatômicas encontradas.

As cardiopatias congênitas podem ser cianogênicas ou acianogênicas. As cardiopatias cianogênicas ocorrem quando nas más-formações do coração acontece a mistura do sangue venoso com o arterial, dando uma coloração azulada à pele (cianose), generalizada ou apenas nas extremidades do corpo (lábios, unhas etc.). Em geral são as mais graves; quando não corrigidas, essas crianças dificilmente chegam à idade adulta. As cardiopatias acianóticas mais comuns são: comunicação interventricular (CIV), comunicação intra-atrial (CIA) e persistência do canal arterial (PCA). As cardiopatias cianóticas mais comuns são a tetralogia de Fallot e a transposição dos grandes vasos da base.

A cardiopatia congênita pode acarretar insuficiência cardíaca congestiva, endocardite, síncope, morte súbita, entre outras manifestações.

Algumas doenças no período gestacional podem acarretar alterações na formação dos órgãos, entre elas destacam-se: rubéola, infecção pelo citomegalovírus e o diabetes melito. Alguns hábitos maternos também aumentam a chance de más-formações, como o consumo excessivo de bebidas alcoólicas, o hábito de fumar e o uso de cocaína. O uso de alguns medicamentos durante a gestação pode acarretar alterações em alguns órgãos. O conhecimento desses fatos pode ser importante na avaliação do adulto portador de cardiopatia congênita, uma vez que eles podem influenciar na maneira como os pais criaram esse adulto.

As anomalias comuns para as quais se espera a sobrevida até a idade adulta são: valva aórtica bicúspide, coartação da aorta, estenose da valva pulmonar, CIA, PCA, a tetralogia de Fallot e a CIV. Há outras anomalias mais raras que permitem aos pacientes atingirem a idade adulta: bloqueio atrioventricular total congênito, anomalia de Ebstein, fístula arteriovenosa coronariana, entre outras.

Dentre as cardiopatias congênitas, a mais encontrada na idade adulta é a comunicação interatrial (CIA), sendo esta a mais comum entre as mulheres. Os pacientes podem permanecer assintomáticos durante grande parte de suas vidas, entretanto, quase todos os pacientes que sobrevivem além da sexta década de vida são sintomáticos. A incidência das arritmias supraventriculares (fibrilação atrial e *flutter* atrial) está presente em cerca de 50% dos pacientes com CIA não operados que sobrevivem até os 60 anos de idade, e essas arritmias respondem mal à terapêutica mesmo após o tratamento cirúrgico adequado. A segunda cardiopatia mais encontrada na vida adulta é a comunicação interventricular (CIV).

A tetralogia de Fallot é a cardiopatia congênita cianótica mais encontrada em adultos não operados.

Outras cardiopatias mais complexas raramente são encontradas no adulto, até porque muitas delas acabam sendo incompatíveis com a preservação da vida.

A evolução das cirurgias para o tratamento das cardiopatias congênitas nos últimos anos e os avanços dos meios diagnósticos vêm permitindo que pacientes com má-formação congênita severa alcancem a idade adulta. Além disso, avanços no tratamento clínico dos pacientes não operados ou inoperáveis têm aumentado de forma significativa o número de pacientes adultos portadores de cardiopatias congênitas.

Alguns pacientes atingem a idade adulta, sem tratamento cirúrgico, por não haver indicação do mesmo no momento do diagnóstico. Outros, entretanto, desconhecem sua doença, por esta não ter sido diagnosticada no passado, levando vida totalmente normal e só vindo a descobrir tardiamente a cardiopatia e a necessidade de correção cirúrgica.

Nas mulheres em idade adulta, a correção de CIA é indicada, pois seus resultados melhoram a qualidade de vida e diminuem a morbidade e a mortalidade precoce.

A normalidade anatomofuncional é obtida após a correção cirúrgica de CIA e CIV, principalmente quando realizada na infância, antes que complicações surjam no funcionamento cardíaco.

E do ponto de vista emocional? Quais as repercussões da doença cardíaca congênita ao longo da vida? Pesquisas demonstram que, do ponto de vista emocional, pacientes que foram orientadas adequadamente, sem superproteção dos pais, mesmo sendo portadoras de cardiopatia congênita, obtêm um desenvolvimento adequado dos pontos de vista emocional, social, afetivo e profissional (Gantt 1992), entretanto, alguns pacientes com doença congênita do coração têm problemas de ajustamento psicossocial e pior qualidade de vida. A intervenção com tratamento e acompanhamento psicológico pode ser de grande ajuda no ajustamento e no desenvolvimento para uma vida mais saudável, normal.

Segundo Giannotti (1996), baixa auto-estima, auto-imagem desfavorável e sentimento de inadequação estão presentes no cardiopata congênito. Tudo passa a ser responsabilidade da cardiopatia: "A dificuldade de enfrentar a vida, como a maioria das pessoas, não era pessoal, mas constituía-se num efeito intrínseco da cardiopatia".

A cronificação psicológica de doente pode aparecer de forma tão significativa como a própria cronicidade da doença, principalmente quando as restrições são mais intensas em relação às atividades físicas, sociais (prática de esportes, dança etc.) ou quando sinais mais evidentes (cianose, falta de ar) estão presentes de forma acentuada.

Alguns dilemas encontrados na adolescência – que é o período que antecede o ingresso na vida adulta –, como independência *versus* dependência, isolamento social *versus* integração social, acabam sendo exacerbados em adolescentes portadores de doença cardíaca e dificultam ainda mais o tornar-se adulto, gerando mais incertezas quanto ao futuro.

Nas mulheres portadoras de cardiopatia congênita, somam-se aos problemas gerais as dúvidas quanto a sua sexualidade, o uso de métodos anticoncepcionais e a própria gravidez, que é muitas vezes incompatível com a doença e a vida ou que requer cuidados extremamente especiais, com planejamento e acompanhamento do cardiologista para diminuir os riscos. Surgem também dúvidas quanto a sua capacidade de despertar interesse do sexo oposto, uma vez que se sentem doentes, feias. (Exemplo: paciente de 20 anos, do sexo feminino, portadora de CIV: "Quem é que vai olhar para mim, se sou magra, feia e doente do coração?".)

No caso da correção cirúrgica, a marca da cicatriz pode causar dificuldade de aceitação do próprio corpo, agora visto como mutilado. (Exemplo: paciente de 26 anos, do sexo feminino, com cirurgia de correção de CIA: "Os rapazes, quando vêem a cicatriz, logo arranjam uma desculpa e se afastam de mim".)

Em nossa experiência na equipe do prof. dr. Sergio Almeida de Oliveira, no Hospital Beneficência Portuguesa de São Paulo, pacientes do sexo feminino, portadoras de cardiopatia congênita na idade adulta, têm sido submetidas à correção cirúrgica.

Em levantamento realizado no período de 1993 a 2002, tivemos 178 pacientes do sexo feminino, operadas de cardiopatia congênita na idade adulta, sendo 105 pacientes portadoras de CIA, 51 portadoras de CIV e 22 com outras cardiopatias. Nas pacientes portadoras de CIA e CIV, encontramos significativa diferença entre aquelas que sabiam o diagnóstico da doença há muito tempo e as que apenas recentemente tinham descoberto a cardiopatia.

As pacientes que sabiam da cardiopatia desde a infância ou a adolescência tiveram uma vida com muitas restrições, freqüentemente se sentiam incapacitadas, inseguras e diferentes das outras mulheres. (Exemplo: paciente do sexo feminino, 35 anos, portadora de CIA: "Meus pais me vigiavam o tempo todo. Eu não podia fazer nada. Quando me casei, transferiram a responsabilidade para meu marido".) Muitas das mulheres em idade mais avançada (40 a 50 anos) casaram-se, tiveram filhos, mas cada gravidez significou momentos de muita tensão, um verdadeiro estresse: insegurança, medo, questionamentos quanto a sua feminilidade e à capacidade de procriar. O medo da morte e o fantasma sempre presente da doença fizeram de muitas dessas mulheres pessoas incompletas, que necessitavam de cuidados especiais, de atenção especial, demonstrando intensa fragilidade e dependência. (Exemplo: paciente do sexo feminino, 29 anos, portadora de CIV: "Quando engravidei, o mundo desabou sobre a minha cabeça. Tinha muito medo de morrer e não conhecer meu filho...".) Características como labilidade emocional ou introspecção foram encontradas.

Para Freud, em estados de melancolia há diminuição dos sentimentos de auto-estima, levando a uma expectativa delirante de punição, o que pode ser observado em algumas pacientes portadoras de cardiopatia congênita que desafiaram o seu coração doente.

Para muitas dessas pacientes, ter que fazer cirurgia tinha o significado de castigo, por suas atitudes desafiadoras em relação à própria vida. (Exemplo: mais de uma gravidez, quando a orientação médica era nenhuma.)

As pacientes que só descobriram serem portadoras de cardiopatia congênita por volta dos 45 a 55 anos apresentavam características emocionais semelhantes às mulheres que, por exemplo, desenvolveram doença arterial coronariana.

A descoberta da doença era recebida com surpresa, pois haviam levado vida normal, consideravam-se sadias até então, e os sentimentos e reações eram encarados como fazendo parte do processo de envelhecer. Surgiam mecanismos de defesa como, por exemplo, negação, deslocamento etc., como em qualquer situação quando se descobre uma doença até então inexistente.

Observou-se também que nesse grupo de pacientes, passado o choque inicial, as reações eram mais positivas em relação aos resultados e benefícios que poderiam ser alcançados com a cirurgia.

Um grande número de pacientes, no período pré-operatório, mostrava-se otimista, fazendo planos para o futuro, enquanto as mulheres que estiveram durante quase toda sua vida numa categoria de doentes tinham uma visão mais funesta e tenebrosa em relação aos resultados da cirurgia, e muitas vezes não conseguiam fazer planos em relação ao futuro. (Exemplo: paciente do sexo feminino, 51 anos, portadora de CIA: "Eu sempre soube do problema, desde a infância, mas o médico achava que não precisava operar. Eu tive muito medo, mas casei, tive quatro filhos e já tenho dois netos (...) agora eu não espero muito (...) acho que a vida já me deu muito (...) não quero fazer planos (...) seja o que Deus quiser".)

No pós-operatório, novamente se observou significativa diferença entre as mulheres do primeiro grupo (as que sabiam da doença há anos) e as do segundo grupo (as que tinham descoberto a má-formação congênita do coração recentemente).

No primeiro grupo, a recuperação da cirurgia, quase que na totalidade, foi difícil, apresentando muita insegurança, regressão, baixa auto-estima, um índice de dor mais exacerbado e maior dependência de outras pessoas, demonstrando precisar ser cuidadas. Mesmo na correção de CIA, algumas mulheres apresentaram complicações no pós-operatório que normalmente não ocorrem nesse tipo de cirurgia.

No segundo grupo, a grande maioria considerava a cirurgia como uma etapa a mais a ser vencida e um marco para a continuação de uma vida saudável. Quando surgiam algumas dificuldades, diziam-se capazes de superá-las, fazendo planos para dar continuidade às suas atividades, uma vez que o problema havia sido resolvido, considerando-se aptas para retornar ao dia-a-dia. Em alguns casos, o entusiasmo precisava ser contido pelos profissionais de saúde, pois se percebia uma fase maníaca em desenvolvimento, e era necessário que elas tivessem consciência de que existia um tempo para a recuperação do processo cirúrgico. (Exemplo: paciente do sexo feminino, 45 anos, portadora de CIA: "Agora que estou curada do coração, vou começar a treinar natação e me inscrever em todas as competições na categoria sênior, vocês vão ver...".)

Independentemente da fase ou do modo pelo qual a mulher tem contato com a doença, observou-se que o aspecto emocional foi bastante relevante, ratificando a necessidade de acompanhamento psicológico para essas pacientes.

Bibliografia

ATIK, E. e ATIK, F.A. (2002). "Cardiopatias congênitas na idade adulta: Aspectos diagnósticos e evolutivos". *Hipertensão Arterial: Programa de Educação Continuada da Sociedade Brasileira de Cardiologia*, ano I. Rio de Janeiro: Diagraphic, nº 1, fasc. 2, pp. 27-34.

ATTIE, F. (2001). "Cardiopatías congénitas en el adulto". *Arch. Cardiol. Mex.,* 71 (Supl. 1), pp. 10-16.

FREUD, S. (1987). "Luto e melancolia". *História do movimento psicanalítico*, vol. XIV. Rio de Janeiro: Imago, pp. 275-296. (Obras Psicológicas Completas)

GANTT, L.T. (1992). "Growing up heartsick: The experiences of young women with congenital heart disease". *Health Care Women Int.*, 13(3), pp. 241-248.

GIANNOTTI, A. (1996). "Sentimentos, atitudes e problemas emocionais dos cardiopatas congênitos". In: GIANNOTTI, A. *Efeitos psicológicos das cardiopatias congênitas: Psicologia em instituições médicas*. 1ª ed. São Paulo: Lemos, pp. 109-155.

HOSNI, J.J. (1999). "Cardiopatias congênitas". In: JATENE, A.D. et al. (orgs.). *Cardiologia básica*. 1ª ed. São Paulo: Roca, pp. 77-86.

JATENE, M.B. (2002). "Tratamento cirúrgico das cardiopatias congênitas acianogênicas e cianogênicas". *Rev. Soc. Cardiol. Estado de São Paulo,* 12(5), pp. 763-775.

PERLOFF, J.K. e CHILD, J.S. (1991). *Congenital heart disease in adults.* Filadélfia: WB Saunders.

SILVA, C.M.C. e GOMES, L.F.G. (2002). "Reconhecimento clínico das cardiopatias congênitas". *Rev. Soc. Cardiol. Estado de São Paulo*, 12(5), pp. 717-723.

TONG, E.M. et al. (1998). "Growing up with congenital heart disease: The dilemmas of adolescents and young adults". *Cardiol. Young*, 8(3), pp. 287-289.

VAN RIJEN, E.H. et al. (2003). "Psychosocial functioning of the adult with congenital heart disease: A 20-33 years follow-up". *Eur. Heart J.*, 24(7), pp. 673-683.

5
A MULHER CARDIOPATA EM IDADE REPRODUTIVA: ASPECTOS PSICOLÓGICOS DA CARDIOPATIA E DA GRAVIDEZ

Denise de Paula Rosa

Cardiopatia e gravidez: A história

A doença cardíaca é a quarta causa de mortalidade materna, ocupando o primeiro lugar como causadora de mortes maternas não obstétricas (Born *et al.* 1994).

O conhecimento das medidas profiláticas e terapêuticas clínico-cirúrgicas atuais ensejam um número crescente de gestantes cardiopatas em condições de levar a termo suas gestações.

Segundo Born (*apud* Born *et al.* 1994), a situação já foi bastante diversa. Após a conferência de Peter, em 1876, no hospital De La Charité, foram adotadas as sugestões que já haviam sido anteriormente publicadas em 1867 e que diziam o seguinte: "Jeune fille pas de mariage; femme pas d'accouchement; mère pas d'allaitement" (Cardiopata donzela, não casar; jovem esposa cardiopata, não engravidar; puérpera cardiopata, não amamentar).

Em 1875, Berthiot, discípulo de Michel Peter, publicou sua tese "Grossesse et maladies du coeur", na qual se destaca a pouca atenção dispensada à coexistência da cardiopatia e da gravidez nos livros médicos clássicos. No entanto, permanecem sem respostas as principais questões. Quais os riscos da gestação e do parto? Qual a influência da gestação na evolução da cardiopatia? Quais os efeitos sobre o concepto?

Em 1878 o inglês Mac Donald referia que os riscos maternos e fetais eram maiores na estenose mitral e na insuficiência aórtica em relação à insuficiência mitral.

Também desaconselhava o casamento para portadoras de tais lesões e era contrário à interrupção prematura da gestação em cardiopatas, para diminuir os riscos do período expulsivo, especialmente se o parto fosse prolongado.

Após cinco décadas, o pessimismo de Peter foi posto em dúvida, particularmente por Mackenzie, quando publicou, em 1921, seu livro *Heart disease and pregnancy*.

Mackenzie foi quem primeiro deu importância ao papel funcional no estudo das cardiopatias, dando ênfase à avaliação da capacidade funcional cardíaca no início da prenhez. Demonstrou que a gravidez poderia evoluir normalmente, porém com risco cardiovascular materno. Foi o primeiro autor a defender a necessidade de ação conjunta do parteiro e do cardiologista na assistência a pacientes cardiopatas durante a gestação, o parto e o puerpério.

A partir da década de 1940, o enfoque da gestante cardiopata passa por modificações, tornando-se mais global.

Em 1941, Hamilton e Thomson publicaram os resultados do acompanhamento de 850 gestantes cardiopatas e estabeleceram princípios de atendimento a esse grupo, no qual obtiveram redução da mortalidade materna de 15% para 3%. Esses autores classificaram dois grupos, aos quais chamaram de "favorável" e "desfavorável", conforme o seu tipo funcional, de acordo com a classificação da New York Heart Association (NYHA). O grupo chamado "favorável" era composto por gestantes com tipos funcionais I e II. No tipo I a gestação era permitida sem qualquer restrição, o que não ocorria nas gestantes do tipo funcional II. O grupo "desfavorável" era composto pelas pacientes classificadas com os tipos funcionais III e IV da NYHA; para estas a gestação era contra-indicada.

No Brasil, o pioneiro no estudo do binômio cardiopatia e gestação foi o professor Raul Briquet que, ao assumir sua cátedra na Clínica Obstétrica da Faculdade de Medicina da Universidade de São Paulo, em 1925, criou o Departamento de Cardiologia Obstétrica, confiando a chefia ao professor Lemos Torres. Este último foi o primeiro cardiologista a atuar junto a um serviço de obstetrícia em nosso país. O primeiro livro de maior envergadura foi a publicação *Coração e gravidez*, em 1935, de autoria de Lemos Torres, Jairo Ramos e Guimarães Filho, da Faculdade de Medicina da Universidade de São Paulo.

Interessante são as observações do professor Decourt, em 1942, em relação ao casamento: "Caso seja uma moça com leve lesão cardíaca, ainda nunca descompensada, não há motivo algum para que se proíba o casamento. As insuficiências cardíacas avançadas, as alterações vindas do miocárdio, as cardites reumáticas progressivas contra-indicam totalmente o casamento".

Na década de 1950, a evolução da cardiopatia reumática e congênita, associada à gestação, evoluiu em decorrência da cirurgia cardíaca no tratamento das diversas lesões cardiovasculares, possibilitando novas perspectivas para mulheres, para as quais a concepção e a gestação eram desaconselhadas ou mesmo inviáveis. As primeiras referências sobre a cirurgia cardíaca em gestantes são de 1952. Desde então, várias publicações surgem na literatura.

Em 1963, Kay e Smith descreveram bons resultados em cirurgias de valvotomia mitral em gestantes sem perdas fetais ou maternas. Advertiam que o sucesso na condução da gestante cardiopata dependia do diagnóstico precoce, de seleção cuidadosa para cirurgia em época adequada, da classe funcional, das reavaliações freqüentes, da detecção de infecções, de ganho de peso excessivo e do surgimento de insuficiência cardíaca descompensada, da necessidade de repouso. A partir da introdução da substituição valvar por próteses mecânicas, surgiu um grupo de mulheres jovens, em idade fértil, que eram obrigadas a usar anticoagulante, medicação que passou a se constituir um risco maior dentro do grupo das gestações de alto risco.

A literatura médica passou a enfatizar os riscos maternos e fetais dos anticoagulantes orais, especialmente nas primeiras doze semanas de gestação, quando o risco fetal é maior.

A partir de 1970, em nosso meio, iniciou-se o implante de próteses biológicas e, assim, um número importante de mulheres recebeu esse tipo de prótese. A grande vantagem foi a de dispensar o uso crônico de medicação anticoagulante.

No que se refere a publicações, *Cardiopatia e gravidez* (1986), de autoria de Lopes e Delascio, foi o primeiro livro editado.

Born e colabs. (1994) apresentaram sua experiência em gestações de pacientes portadoras de próteses cardíacas e concluíram que a gestação em portadoras de próteses valvares cardíacas é uma situação de alto risco materno-fetal.

A idéia de atendimento à gestante cardiopata teve sua pedra fundamental lançada em 1971, no Instituto Dante Pazzanese de Cardiologia, por Januário de Andrade.

Assim, em 1975 foi organizado e planejado o primeiro serviço de cardiopatia e gravidez no referido instituto.

Em julho de 1976, foram apresentados os primeiros trabalhos na área pelo doutor Januário de Andrade, nessa época adeptos ao atendimento da gestante cardiopata durante a gravidez, o parto e o puerpério. Nessa mesma época, cirurgiões cardiovasculares, liderados pelo doutor Antoninho Sanfins Arnoni, apresentam e discutem os primeiros resultados da cirurgia cardíaca durante a gravidez.

Em 1978, a equipe multidisciplinar do Programa de Atenção à Gestante Cardiopata do Instituto Dante Pazzanese de Cardiologia passa a contar com a ajuda de psicólogos, e em 1985 foi implantado o Programa de Psicoprofilaxia da Cardiopatia e Gravidez, que incluía assistência psicológica a esse grupo de mulheres (Rosa e Giannotti-Hallage 1985).

Vários serviços de cardiopatia e gravidez foram criados no Instituto Dante Pazzanese de Cardiologia, no Instituto do Coração, na Escola Paulista de Medicina e na Faculdade de Ciências Médicas da Santa Casa, em São Paulo.

Em 1990, durante o Congresso da Sociedade Brasileira de Cardiologia, foi criado o Departamento de Cardiopatia e Gravidez da Sociedade Brasileira de Cardiologia com as seguintes finalidades:

treinamento de novos profissionais na área; melhoria na atenção à gestante cardiopata; divulgação de estatísticas nacionais na área de cardiopatia e gravidez; divulgação de pesquisas, por meio de estudos multicêntricos; e de publicações, por meio de dados brasileiros para o conhecimento de todos os membros da comunidade cardiológica.

Em 1992 foi realizada a primeira pesquisa sobre os aspectos psicológicos da cardiopatia e da gravidez, pela psicóloga Denise de Paula Rosa, no Instituto Dante Pazzanese de Cardiologia. A partir daí, outros trabalhos surgiram.

Em 2003, os doutores Januário Andrade e Walkiria Samuel Ávila organizaram um livro sobre cardiopatia, gravidez e planejamento familiar (Andrade e Ávila 2003).

Planejamento familiar da mulher cardiopata

O planejamento familiar tem o objetivo de permitir aos casais controlarem o número conveniente de filhos, na dependência de seu desejo e de seu estado de saúde, bem como da estrutura e da renda familiares. Para a cardiopata, visa ainda reduzir a morbimortalidade materno-fetal no ciclo gravídico-puerperal (Lopes *et al.* 2001).

É importante considerar que a mulher portadora de cardiopatia corre riscos que são inerentes a sua doença, que influem sobre seu desempenho, e que a gestação, por sua vez, implica não só grandes modificações metabólicas funcionais, que podem ser uma sobrecarga significativa para a cardiopata, mas também a responsabilidade da maternidade, com a necessidade de a mulher cuidar de sua prole de forma eficiente e satisfatória.

Assim, sua gestação deve ser muito bem planejada, para que ela tenha seu filho num momento mais propício, em relação a sua saúde, e que o número de filhos que vier a ter não a prejudique, em termos de sua cardiopatia, tendo em vista também a assistência destes durante sua infância e seu crescimento.

É fundamental que essa futura gestante esteja ciente de todos os riscos que poderá sofrer, para a plenitude de sua escolha. Portanto, o primeiro passo é esclarecer e ponderar todos os itens referentes a cada caso. Isso é função primordial de seu cardiologista, assim como do obstetra que vai acompanhá-la durante a gestação. Para que ela possa escolher melhor, é importante conhecer, no seu caso particular, o risco de uma gestação, geralmente muito maior que o risco pelo uso de um método anticoncepcional. Isso lhe permitirá optar pela gestação ou por evitá-la.

Destarte, antes de sua escolha, deverá passar por avaliação de suas condições de saúde, especialmente da doença cardiocirculatória, incluindo as prévias, quer clínicas, quer cirúrgicas, que possam ser necessárias.

É conveniente abordar o aconselhamento genético, para, se for o caso, desaconselhar a gestação ou, pelo menos, permitir uma escolha ponderada, pois a candidata à maternidade tem de ter conhecimento da possibilidade de transmissão congênita de algumas cardiopatias, por causa genética, por contaminação infecciosa ou por ação teratogênica de fármacos, como a síndrome de Marfan, a doença de Chagas e outras.

Convém salientar que mulheres que apresentam graus funcionais III e IV, segundo critérios da New York Heart Association (NYHA), pertencem ao grupo desfavorável à gestação, tendo indicação cardiológica de laqueadura tubária. Mulheres com hipertensão pulmonar, cadiomiopatia dilatada com insuficiência cardíaca congestiva, síndrome de Marfan com raiz da aorta dilatada, lesões obstrutivas sintomáticas, síndrome de Eisenmenger, de Ebstein, mulheres com próteses valvares metálicas com pós-operatório de mais de dez anos, com anticoagulação irregular, mulheres submetidas a várias trocas de próteses biológicas ou com mau passado cardiológico (tais como endocardite infecciosa, embolia ou trombose) não deveriam engravidar, mas sim ser submetidas à laqueadura tubária (Lopes *et al.* 2001).

Nas mulheres com indicação de anticoncepção definitiva (laqueadura tubária) em virtude de risco cardiológico e ou por estarem com a prole constituída, é importante a avaliação conjunta do casal, pois há um aspecto fundamental a ser ponderado: a irreversibilidade. Na decisão de recorrer à anticoncepção definitiva, observa-se que, se de um lado a sensação de alívio e segurança de não correr o risco de engravidar muitas vezes soluciona o problema para a mulher que tem risco cardiológico e cuja gestação é desaconselhada; de outro, pode trazer profunda vivência de perda, ocasionando arrependimento, depressão, sentimentos de descrença ("vamos pedir a opinião de outro cardiologista"), inconformismo, revolta e inveja de outras mulheres. Nesses casos, é importante que sejam assistidas psicologicamente na elaboração da perda da capacidade de reprodução (Rosa *et al.* 1996).

Em mulheres cardiopatas cuja gestação é desaconselhada, é importante evitar a gravidez, esclarecendo-as sobre os métodos anticoncepcionais disponíveis, para que possam programar da maneira mais conveniente sua gestação.

Rosa (*apud* Rosa *et al.* 1996) destaca a importância de realizar a avaliação cardiológica, social e psicológica da mulher que deseja engravidar num programa de planejamento familiar específico para esse grupo de mulheres. Sugere uma avaliação abrangente e sistemática em abordagem interdisciplinar, a fim de estabelecer todos os riscos gravídicos e psicossociais, bem como a adequação do número de filhos ou a impossibilidade de gestação.

Quando há necessidade de interrupção da gestação, o abortamento terapêutico é, na maioria das vezes, o último recurso e o mais dramático meio de interromper a gravidez da mulher cardiopata com riscos. Esse procedimento traz conseqüências danosas, como aumento dos riscos de mortalidade materna ou lesões físicas e, em conseqüência, prejuízos psíquicos. Entre os agravos psíquicos, podemos citar o sentimento de culpa e a frustração, que terminam muitas vezes por desequilibrar completamente os casais e mesmo desencadear neuroses ou psicoses (Rosa 1998).

A causa fundamental pela qual a mulher deseja um filho é biológica. Seu instinto maternal exige essa gratificação direta, instinto esse que é parte integrante da sexualidade feminina. A gravidez gratifica a mulher pela realização de seus múltiplos desejos. A mulher deseja um filho para poder comprovar sua própria fertilidade. Seu desejo de maternidade também pode significar reviver sua própria infância. Pode desejar um filho por rivalidade com outras mulheres, para reter seu marido, por necessidade de *status* ou por qualquer outra causa. Mas, no fundo, o desejo da mulher de dar à luz um filho provém de sua necessidade biológica de desenvolver todas as necessidades latentes (Langer 1981).

Para a mulher cardiopata, satisfazer seu desejo de maternidade significa enfrentar uma grande dificuldade, que é a própria doença cardíaca, com potencial risco para engravidar. Conseqüentemente, se esse desejo não for satisfeito, gerará conflito com sua própria feminilidade.

Dessa forma, Rosa (*apud* Rosa *et al.* 1996) ressalta a importância da avaliação psicológica da mulher que deseja engravidar, a ênfase a ser dada às dificuldades em relação ao planejamento da gravidez, procurando verificar sentimentos, atitudes, problemas emocionais e suas implicações na adesão ao planejamento familiar.

Assistência pré-natal à mulher cardiopata

Quando a mulher cardiopata engravida, são necessários cuidados especiais, não só em termos médicos-obstétricos e cardiológicos, como também em termos de assistência emocional, já que o clima de ameaça é bem mais elevado (Rosa *et al.* 1996).

As mudanças no atendimento cardiológico no pré-natal muito tem contribuído para a redução da mortalidade materna por cardiopatia na gravidez. As pacientes passam a ser analisadas de modo diferente, com uma avaliação mais completa, computando-se os aspectos anatômicos, orgânicos e funcionais (Lopes, Champi e Watanabe 1994).

A incidência de cardiopatia em mulheres gestantes está em torno de 4% da população brasileira, distribuídas em 55% reumáticas, 14% chagásicas, 16% congênitas, 13% hipertensas e 2% de causas variadas. A taxa de mortalidade materna, entre essas mulheres, é de 1,66% maior entre pacientes submetidas à cirurgia cardíaca prévia à gestação (2,2%). A perda do produto conceptual corresponde a 4,48% no grupo em que a cardiopatia tem acompanhamento clínico, e a 12,39% no grupo em que tenha sido necessário o tratamento cirúrgico anteriormente à gestação (Andrade 1991).

Durante a gestação ocorrem grandes repercussões hemodinâmicas, usualmente bem toleradas pela gestante. As cardiopatas (em especial aquelas com pequeno comprometimento hemodinâmico) também podem suportar bem essas alterações, mas podem ocorrer agravos, com piora clínica, descompensação cardíaca, insuficiência cardíaca e outras ocorrências, podendo culminar em *morte*. Trata-se, portanto, de uma situação em que é imperioso um bom entrosamento do obstetra com o cardiologista, que devem atender conjuntamente a paciente e devem estar familiarizados, reciprocamente, com as respectivas linguagens, pois aos problemas obstétricos somam-se os cardiológicos e vice-versa.

A medicação cardiológica e obstétrica deverá ser utilizada para tratamento materno ou fetal, atentando-se para o período gestacional e para o risco de má-formação fetal, abortamento ou trabalho de parto prematuro. A via de parto é de orientação obstétrica, devendo as cardiopatias mais graves ter monitorização cardiológica na sala de parto. Atenção especial deve ser dada ao recém-nascido de mãe cardiopata, podendo ser as cardiopatias fetais diagnosticadas intra-útero e corrigidas tão logo se fizer necessário. Procedimentos cardiológicos invasivos podem ser realizados durante a gestação, com bons resultados materno-fetais.

A amamentação materna não está contra-indicada e o planejamento familiar deve ser discutido com o casal.

A gestação

A gestação é uma fase de mudança da vida da mulher.

O ciclo gravídico-puerperal acarreta modificações de relevo não só no corpo feminino como também na maneira de ser da mulher. Constitui, portanto, importante período de transição, repleto de medos, angústias e indefinições, sendo ainda uma situação de extrema fragilidade, caracterizando uma fase de crise.

A gestante passa por vários transtornos nas áreas afetiva e intelectual, os quais também têm relação com alterações hormonais e com fatores socioculturais (Cury 1997).

O ciclo gravídico-puerperal é uma crise normativa ou crise vital, pois sua vivência corresponde a um período determinado biologicamente, caracterizado por mudanças metabólicas complexas. Nesse período, assim como em outras fases críticas da vida, como na adolescência e no climatério, a mulher tem a possibilidade de desenvolver-se psiquicamente, na medida em que se encontra diante de um conflito específico a ser resolvido. Embora a gestação termine no momento do parto, a crise normativa correspondente a esse período se prolonga até o puerpério, quando ocorre a assimilação e o desempenho do papel e da função maternos (Quayle, Tedesco e Zugaib 1997).

A gravidez é um período crítico na vida de uma mulher pois todas as áreas (fisiológica, emocional e social) sofrem grandes mudanças, as quais exigem adaptações.

O nascimento de um filho pode representar, na vida da mulher, o poder de gerar uma nova vida. Por outro lado, pode, simbolicamente, representar um tipo de morte de identidade de filha e um renascimento para a identidade de mãe, trazendo a possibilidade de amadurecimento e crescimento.

A mulher está inserida em uma cultura orientada pelo masculino. Durante a gravidez, ela tem a possibilidade de resgatar, por meio de sua vivência, o seu substrato feminino, ligando-se à consciência matriarcal. Assim, seu crescimento emocional dependerá da forma como receberá as novas vivências. Estando disponível para perceber e absorver os novos conteúdos trazidos pela gravidez, poderá ampliar sua consciência e sair da posição unilateral de sua visão. Ao se fechar para essas experiências, aumentando suas defesas, estará sofrendo uma transformação, e não vivenciando.

A forma como a mulher vai vivenciar o período gestacional não depende apenas de fatores desse período. Sua visão está ligada à atitude e à consciência que manteve durante sua vida toda, diante de vários acontecimentos e fases por que passou. A forma como a gestação é concebida pela mulher influencia também a maneira como irá enfrentar essa fase. Se a gravidez é concebida como um fato feliz, com um fim em si mesmo, sua atitude será de prazer e de possibilidade de crescimento pessoal. Pode, ainda, ser vivenciada com grande ansiedade, pois a mulher pode desejar que sua vida volte a ser aquela à qual já estava habituada.

As vivências emocionais desse período são bastante semelhantes em todas as mulheres, independentemente do nível educacional ou sociocultural. As diferenças ficam por conta da individualidade de cada uma, como também pelo cenário em que ocorre essa gravidez: se planejada ou indesejada, se é o primeiro, o segundo ou terceiro filho, se dentro de vínculo estável entre homem e mulher, se normal ou com intercorrências graves, infecções ou ameaças de aborto. Nesse contexto, inclui-se a gravidez em mulheres cardiopatas, considerada de alto risco (Rosa 1998).

A gravidez em cardiopatas: Uma gestação de alto risco

A gestação normal é um fenômeno fisiológico, e, sendo assim, ocorre sem intercorrências na maioria dos casos. O acompanhamento da gravidez nos grupos de alto risco requer técnicas especializadas, sendo necessário, nesses casos, o seguimento em níveis secundário e terciário de saúde (com equipe e tecnologia mais sofisticadas).

A gravidez é considerada de alto risco quando a vida e/ou a saúde da mãe ou da criança têm mais chance de serem afetadas do que a média da população em geral.

Na gravidez de alto risco as mulheres encontram-se em uma situação diferente do que é considerado normal, visto que há o perigo real imposto pelo fator de risco. Segundo o Ministério da Saúde (2000), essas mulheres têm uma tendência à dificuldade de adaptação.

A gravidez geralmente é vista como um acontecimento alegre; quando é de alto risco, como no caso da gravidez em cardiopatas, pode ocorrer uma série de modificações na vida da mulher, às quais ela deve se adaptar. No caso de a doença ser preexistente, a paciente tem o equilíbrio antes conquistado rompido pela presença da gravidez. Quando a condição de risco é identificada apenas na gravidez, há um processo de luto pela perda da gravidez idealizada.

Com o progresso dos conhecimentos científicos e dos recursos atualmente disponíveis, tornou-se mais tolerante a atitude do médico em relação à gravidez em pacientes cardiopatas, contudo persistem muitos casos que tornam desaconselhável a gestação.

Segundo Romano (2001), a ciência e a tecnologia evoluíram, os recursos disponíveis aumentaram, mudaram os costumes e os valores. Assim, as mulheres passaram a apresentar quadros de adoecimento do coração com males antes reservados aos homens. Esse horizonte ampliou-se para questões como a da gravidez (para cardiopatas em geral e também para transplantadas cardíacas).

Então, se por um lado o feminino se identifica com coração (pela sua simbologia do emocional, do carinho), também se identifica com procriação.

Na gestação com riscos multiplicam-se as várias dúvidas e incertezas relacionadas a si própria e a seu filho; o temor de anormalidades fetais se acentua; emoções como censura, crítica, culpa, egoísmo, afloram (Romano 2001). Há estudos demonstrando que mulheres com gestações de risco têm sua auto-estima diminuída quando comparadas com outras em condições normais. Sentem-se mais incapazes de perceber um êxito, de avaliar sua capacidade de proteger e abrigar o concepto, de se verem como mulheres e em suas funções de mães. O período gestacional pode ser considerado como um período de crise por ocorrerem mudanças biopsicossociais, tornando-se mais intensas no caso de uma gravidez de alto risco (Tedesco 1997).

Segundo Azevedo e Falcone (1994), a situação de crise faz parte do desenvolvimento, podendo produzir alterações significativas no comportamento do indivíduo. Dessa forma, a gestação pode ser considerada uma situação de crise por vários motivos e, no caso da gestação de alto risco, seria uma situação de crise dentro de outra.

A gravidez em mulheres cardiopatas, por oferecer risco, é vivida como uma ameaça encoberta, na qual são reforçadas fantasias de perda do controle e da fronteira do ego de uma forma abrupta. Essas gestantes podem rejeitar sua gravidez no início, o que é semelhante no grupo de gestantes sem risco (Rosa 1998).

Essa rejeição tende a diminuir com a personificação do bebê, por meio do acompanhamento pré-natal e dos exames complementares, pelos quais a mãe vai percebendo a real existência do filho e montando uma imagem, interna, sobre ele.

O comportamento das gestantes de alto risco oscila entre a submissão aparente e formal e a rebeldia intensa perante figuras de autoridade. Além disso, com a proximidade do terceiro trimestre de gestação, as gestantes vão demonstrando uma apatia emotiva progressiva, pois podem estar prevendo as dificuldades a serem enfrentadas. Essa atitude tende a regredir após a 36ª semana (Azevedo e Falcone 1994).

Segundo Maldonado (*apud* Maldonado e Canela 1981), quando há riscos maternos e fetais, saúde e doença se superpõem, o que torna necessário cuidados especiais não só em termos médico-obstétricos, como também em termos de assistência emocional, já que o nível de ansiedade, expectativa e apreensão é bem mais elevado.

Aspectos psicológicos da cardiopatia e da gravidez

Em pesquisa realizada com mulheres cardiopatas, foram investigados: a percepção da gravidez, a percepção da doença cardíaca, os temores, a ansiedade, as expectativas com relação ao concepto e as possíveis dificuldades de natureza emocional (Rosa e Andrade 1992).

As pacientes, em sua maioria (45,2%), eram portadoras de lesões orovalvulares, 19,3% eram hipertensas e 12,9% cardiopatas congênitas; 12,9% miocardiopatas; 6,4% com doença reumática sem lesão orovalvular e 3,2% com prolapso da válvula mitral.

Em relação à percepção, a maioria sentia-se preocupada com a possibilidade de internação por causa das intercorrências. Algumas relataram ter ficado bastante nervosas ao descobrir que estavam grávidas.

Cerca de 70% aceitavam bem a gravidez.

Noventa por cento das gestantes cardiopatas referiram muita ansiedade, mudanças de humor, necessidade de atenção e sensibilidade. Insegurança e preocupação com o aumento de responsabilidade também foram citadas com freqüência.

O medo de morrer e de o coração não agüentar o trabalho de parto foram referidos com freqüência, embora haja de fato grande possibilidade de ocorrer mortalidade materna nesse momento em razão da sobrecarga cardíaca.

Do ponto de vista psicológico, o comportamento da parturiente no trabalho de parto reflete não só as características de sua personalidade, como também revela com que grau de adequação a parturiente recebeu informações durante a gravidez (Azevedo 1984).

Para mulheres com cardiopatia, a alta mortalidade do concepto e o índice de hospitalização a partir da 36ª semana são bastante freqüentes (Ávila et al. 1998). Portanto, o que era temor esperado e descrito para uma gestação normal, torna-se dado de realidade para a gestante cardiopata (Romano 2001).

Sobre a expectativa em relação ao concepto, a maioria das pacientes mostrou o desejo de que o filho nasça vivo, perfeito e sem problemas cardíacos (Rosa e Andrade 1992).

Do ponto de vista psicológico, a gestante julga não merecer o filho perfeito e teme dar à luz um concepto malformado; como punição por ter feito ou desejado algo errado, a má-formação, no caso, seria a cardiopatia (Soifer 1980).

Do ponto de vista orgânico, algumas cardiopatias sofreriam a ação preferencial do ambiente, enquanto outras obedeceriam a um mecanismo mais condicionado a uma determinação genética.

É importante realizar o estudo etiológico das cardiopatias, cuja prevenção primária é efetuada pela determinação dos mecanismos de transmissão e do aconselhamento genético.

São comuns e configuram-se como de particular importância a ansiedade, os temores e as expectativas ante a nova situação vivenciada durante o período de gravidez (Maldonado 1991).

Na gestante cardiopata verifica-se que a ansiedade tende a aumentar pela situação altamente ameaçadora provocada pela doença cardíaca. A ansiedade que dela emerge, e que envolve potencialmente um grau elevado de estresse quando não elaborada, predispõe a problemas mentais (Rosa e Andrade 1992).

As gestantes cardiopatas apresentam com freqüência a angústia da separação decorrente das constantes internações. É um fator estressante a mais para essas gestantes, com todas as alterações de rotina e de convívio familiar e social impostas por esse afastamento. Há necessidade de maior vigilância e de cuidados especiais. São mulheres tipicamente "dependentes", que encaram a gestação como algo "terrificante", e que muitas vezes se sentem incapazes de se adaptar ao estado gestacional, de amar e de satisfazer seu filho "recém-nascido".

Assim sendo, é importante oferecer apoio emocional e assistência psicológica à gestante cardiopata, por meio dos quais ela poderá expressar suas angústias e emoções, facilitando a conscientização sobre os riscos e atenuando ansiedades (Rosa 1998).

Bibliografia

ANDRADE, J. de (1991). "A doença reumática no ciclo gravídico puerperal". Tese de doutorado. São Paulo: USP.

ANDRADE, J. de e ÁVILA, W.S. (1996). "Cardiopatia na gravidez". *Rev. Soc. Cardiol. Estado de São Paulo*, nº 5, pp. 548-557.

_____ (2003). *Doença cardiovascular, gravidez e planejamento familiar*. Rio de Janeiro/São Paulo: Atheneu.

ÁVILA, W.S. *et al.* (1998). "Pregnancy in women with hypertrophic cardiomyopathy, maternal and fetal outcomes". *Eur. Heart J.*, 19, p. 132.

AZEVEDO, A.R. de (1984). "Aspectos comportamentais na puerperalidade". *In*: DELASCIO, D. *et al. Obstetrícia, ginecologia e neonatologia*. São Paulo: Sarvier.

AZEVEDO, A.R. e FALCONE, M.F.G. (1994). "Aspectos psicossociais da gestante cardiopata". *In*: LOPES, A.C. e DELASCIO, D. *Cardiopatia e gravidez*. São Paulo: Sarvier.

BORN, D. *et al.* (1992). "Pregnancy in patients with prosthetic heart valves; the effects of anticoagulation on mother, fetus and neonate". *AM Heart J.*, 124, pp. 413-417.

_____ (1994). "Cardiopatia e gravidez". *Rev. Soc. Cardiol. Estado de São Paulo*, nº 6, pp. 493-501.

CURY, A.F. (1997). "Psicodinâmica da gravidez". *In*: TEDESCO, J.J.A., ZUGAIB, M. e QUAYLE, J. (1997). *Obstetrícia psicossomática*. Rio de Janeiro/São Paulo: Atheneu.

DECOURT, L.V. (1942). "A gravidez e o parto nas cardíacas". *Revista Médica de São Paulo*, 26(52).

LANGER, M. (1981). *Maternidade e sexo*. Porto Alegre: Artmed.

LOPES, A.C. e DELASCIO, D. (1994). *Cardiopatia e gravidez*. São Paulo: Sarvier.

LOPES, C.M.C.; CHAMPI, M.G.R. e WATANABE, C. (1994). "Assistência pré-natal na mulher cardiopata". *Rev. Soc. Cardiol. Estado de São Paulo*, nº 6, pp. 508-514.

LOPES, C.M.C. *et al.* (2001). "Planejamento familiar da mulher cardiopata". *Revista do Instituto Dante Pazzanese de Cardiologia,* ano I, nº 2, pp. 51-58.

MALDONADO, M.T. (1991). *Psicologia da gravidez, parto e puerpério*. 12ª ed. Petrópolis: Vozes.

MALDONADO, M.T. e CANELLA, P.A. (1981). *A relação médico-paciente em ginecologia e obstetrícia*. Rio de Janeiro/São Paulo: Atheneu.

MALDONADO, M.T.; NAHOUM, J.C. e DICKSKIM, J. (1979). *Nós estamos grávidos*. Petrópolis: Vozes.

MINISTÉRIO DA SAÚDE (2000). Secretaria de Políticas de Saúde, Departamento de Políticas Estratégicas. Área Técnica de Saúde da Mulher. *Gestação de alto risco*. Manual técnico. Brasília.

ROMANO, B.W. (2001). *Psicologia e cardiologia: Encontros possíveis*. São Paulo: Casa do Psicólogo.

ROSA, D.P. (1998). "A mulher cardiopata e a maternidade". *Rev. Soc. Cardiol. Estado de São Paulo,* 8(4), supl. A, pp. 1-4.

ROSA, D.P. e ANDRADE, J. de (1992). "Aspectos psicológicos da gestante portadora de cardiopatia". *RBM* (ginecologia e obstetrícia), 3(3), pp. 129-133.

ROSA, D.P. e GIANNOTTI-HALLAGE, A. (1985). "Programa de psicoprofilaxia da cardiopatia e gravidez". *Bol. Tecnol. Sub. Sistem. Inf. Cient. Tecnol.,* 3, p. 29.

ROSA, D.P. *et al.* (1996). "Planejamento familiar em mulheres cardiopatas: Visão multidisciplinar". *Rev. Soc. Cardiol. Estado de São Paulo,* nº 6, supl. A, pp. 6-13.

SOIFER, R. (1980). *Psicologia da gravidez, parto e puerpério*. Porto Alegre: Artmed.

TEDESCO, J.J.A. (1997). "Aspectos emocionais da gestação de alto risco". *In:* TEDESCO, J.J.A.; ZUGAIB, M. e QUAYLE, J. *Obstetrícia psicossomática*. Rio de Janeiro/São Paulo: Atheneu.

TEDESCO, J.J.A.; ZUGAIB, M. e QUAYLE, J. (1997). *Obstetrícia psicossomática*. Rio de Janeiro/São Paulo: Atheneu.

TORRES, L.; RAMOS, J. e GUIMARÃES, F.O. (1935). "Coração e gravidez". *Rev. Obst. Ginecol.*, 1, pp. 198-236, 303-350, 373-385 e 415-456.

6
ASPECTOS PSICOLÓGICOS
DA MULHER CARDIOPATA NO CLIMATÉRIO

Maria Elenita Corrêa de Sampaio Favarato

Introdução

A palavra climatério, originada do grego *klimater*, significa degrau, e era utilizada para designar qualquer época da vida considerada crítica (Biffi 1991). Atualmente, o climatério é definido como a fase da vida da mulher na qual ocorre a transição entre a fase reprodutiva e aquela em que a reprodução natural não é mais possível, com o aparecimento de expressivas modificações biopsicossociais; tem início aos 35 e término aos 65 anos. Menopausa é a última menstruação e só é diagnosticada após um intervalo de doze meses sem menstruação. Síndrome climatérica é o elenco de sintomas que se manifesta nesse período (Febrasgo 1995).

A menopausa natural ocorre em torno dos 50 anos de idade, sendo que o período compreendido entre 12 e 24 meses antes da última menstruação representa a perimenopausa (Aldrighi 1996).

Com a instabilidade hormonal, surgem no climatério manifestações precoces, de médio prazo e tardias, que repercutem em nível biológico, psicológico e social. As precoces compreendem alterações menstruais, ondas de calor, sudorese, calafrios, cefaléia, tonturas, parestesias, palpitações, fadiga, insônia, perda de memória e depressão. Dentre as de médio prazo, destacam-se a secura vaginal, a dispareunia, a incontinência urinária e a perda de colágeno na pele; as modificações tardias decorrem de alterações metabólicas e podem levar à doença cardiovascular e à osteoporose (Ministério da Saúde 1994).

Em relação às manifestações precoces, sabe-se que elas decorrem da diminuição da atividade ovariana e da subseqüente deficiência hormonal, mas também de dois outros fatores, os socioculturais, determinados pelo meio ambiente, e os psíquicos, dependentes da personalidade da mulher (Appolinário 1992).

Estudo de Skultans (1979) considera que a menopausa se constitui em um "rito de passagem", ou seja, a mulher assume outro papel social. Assim, aquelas que atribuem pouca importância à menstruação não sentem a mudança de papel que desempenham; considera, dessa forma, que a menopausa é mais sociocultural do que biológica.

Apesar do significativo aumento da expectativa de vida e da longevidade ocorridas a partir do século XX – em alguns países desenvolvidos alcançam os 80 anos –, a data de instalação da menopausa permanece inalterada, ou seja, em torno dos 50 anos. Isso significa que neste milênio um maior número de mulheres poderá viver 30 a 40 anos em uma condição de importante redução de produção hormonal (Byyny e Speroff 1996), que propiciará um incremento na prevalência de doenças como a cardiovascular, a osteoporose, os cânceres de mama e útero e os distúrbios da função cognitiva.

Formação do conceito "mulher"

Para a formação da imagem feminina e do conceito "ser mulher", três elementos são determinantes e se inter-relacionam: os biológicos, os psicológicos e os culturais. Os elementos biológicos, tais como a ação dos hormônios no determinismo dos caracteres sexuais secundários, não só influenciam na formação da auto-imagem feminina, mas também são responsáveis por mudanças marcantes na vida, como a puberdade, a maternidade e a menopausa.

A puberdade é um processo de maturação sexual que transforma o corpo infantil em um corpo biologicamente maduro, capaz da reprodução sexual. Ocorre, em geral, aos 11 anos, tendo como marco fundamental a menarca, que corresponde ao primeiro período menstrual (Atkinson 1993).

A maternidade, por sua vez, envolve mudanças biológicas e fisiológicas significativas. O corpo feminino, durante as 40 semanas, muda intensa e rapidamente, interferindo no emocional da mulher, com a eclosão de sentimentos como responsabilidade, dúvidas, insegurança, felicidade etc.

Finalmente, a menopausa é o marcador biológico do início de um processo de modificações biopsicossociais, sendo parte integrante do processo de envelhecimento (Aldrighi 1996).

A identidade feminina é construída a partir do nascimento, decorrente da relação direta mãe-filha; assim, os elementos são adquiridos, internalizados pela criança e formam a base da personalidade feminina.

Para compreender melhor o desenvolvimento da personalidade feminina, faz-se necessária a distinção entre gênero sexual, sexo, papel sexual e social. O gênero sexual é um sinal, ou seja, é tudo aquilo que uma pessoa diz ou faz para indicar se é homem ou mulher; dessa forma, a biologia e a hereditariedade são os responsáveis pelo sexo, e a sociedade, a cultura e a época, pelo gênero sexual.

O papel sexual também é determinado pela sociedade, uma vez que representa a expectativa em torno dos dois diferentes gêneros sexuais. Isto é, a sociedade atribui valores, regras, caminhos a serem seguidos pelos diferentes gêneros e espera-se que as pessoas correspondam e apresentem atitudes equivalentes aos valores por ela determinados.

Em última instância, surge o papel social, que é a forma de agir e ser na sociedade; essa forma de ação é apreendida ao longo do processo evolutivo e deriva-se da determinação dos papéis sexuais.

Segundo Kusnetzoff (1988), a natureza só traz a anatomia e a fisiologia; tudo mais é produto de cada cultura e sociedade. Os papéis sociais são aprendidos no processo evolutivo de todo ser humano. Homens e mulheres tendem a se adaptar, a fazer o que deles se espera, ou seja, a cumprir o papel que a sociedade lhes atribui.

Não se pode deixar de refletir sobre o contexto sociocultural em que ocorreu a história pessoal das mulheres que hoje estão no climatério. As mulheres que viveram o climatério nos anos 90 eram de uma geração de transição com grande mudança dos valores sociais e dos papéis femininos, conviveram com mudanças no casamento, menos submissão; na maternidade, a opção por ter filhos mais tarde; na profissão, a necessidade de serem sujeitos, e na educação dos filhos, mais liberalidade (Favarato *et al.* 1999).

O climatério e suas repercussões

No início do século passado, apenas 6% das mulheres atingiam a menopausa e estima-se que no ano 2025, 23% da população dos países desenvolvidos estará com mais de 60 anos (Byyny e Speroff 1996).

Culturalmente, a menopausa representa um marco na determinação de mudanças na vida da mulher, inclusive em seu papel social. Por outro lado, a menopausa propicia sintomas desconfortáveis e aumento na incidência de doenças. Entre elas, destaca-se a doença cardiovascular, que de fato é mais prevalente quando comparada com a fase pré-menopausa (Wenger 1996).

Estudos epidemiológicos (Kannel 1976) demonstraram que com a idade as mulheres apresentam aumento progressivo na incidência da doença isquêmica do coração (DIC); assim, após a menopausa, o risco da DIC se eleva, aproximando-se ao dos homens em torno dos 65 anos. Além disso, com a evolução das cirurgias cardíacas é possível que as portadoras de cardiopatias congênitas e valvulopatias vivam muitos anos no climatério.

A doença isquêmica do coração ocorre por lesão aterosclerótica das artérias coronárias, isto é, deposição de lipídeos em forma de placas nas paredes dos vasos que, diminuindo seu calibre, pode causar obstrução da artéria.

Os fatores implicados na gênese da DIC incluem a elevação dos lipídeos séricos, a hipertensão arterial, o tabagismo, o diabetes, a obesidade, o sedentarismo, o estresse, os antecedentes familiares e a própria menopausa, que, com a redução de estrogênios, acelera o depósito de lipídeos nas paredes das artérias.

Em relação aos aspectos emocionais do climatério, deve-se considerar que a menstruação, por indicar simbolicamente fertilidade e saúde, apresenta grande significado ao proporcionar não só *status*, mas também poder diante da perpetuação da espécie. Seu término representa o fim da capacidade reprodutiva e pode ser interpretado como o início do declínio biológico.

As reações emocionais no climatério são variáveis; de fato, muitas mulheres vivenciam esse período de forma assintomática ou com sintomas inexpressivos, entendendo-o como o início de uma nova etapa, ou seja, a de amadurecimento existencial, a qual lhes permitirá uma vida com maior segurança e confiança; outras, porém, vivenciam-no de forma negativa e apresentam vários sintomas e queixas psíquicas, destacando-se a irritabilidade, a ansiedade, a depressão e as disfunções sexuais (alterações do desejo, da excitação e do orgasmo). Os sintomas são mais exacerbados em mulheres que perderam seu papel social e não redefiniram seus objetivos existenciais (Abreu 1992).

Dennerstein e Burrows (1978), por sua vez, relataram que fatores da personalidade e tendências ansiosas correlacionam-se com maior número de queixas psicológicas.

É interessante considerar as observações de Thonet (1985), para quem o climatério é encarado como uma forma de transição, semelhante a uma segunda adolescência. Realmente, nessas duas etapas de vida há mudanças hormonais e de adaptação. Assim, no que tange à adaptação, a adolescente enfrenta as modificações com a vitalidade de um organismo em pleno desenvolvimento e com energia de quem tem metas a alcançar, diferentemente da mulher no climatério, que pode apresentar falta de motivações para se adaptar a essa nova fase, bem como baixo entusiasmo para alcançar metas. A desmotivação é claramente percebida em mulheres que não possuem novos objetivos existenciais que as estimulem a prosseguir suas vidas.

Por sua vez, Deutsch (1944) compara os conflitos da menopausa com os da menarca; assim, relata inquietudes sobre mudanças em seu corpo, sobre a sexualidade e sobre sua atividade social. Ressalta, no entanto, que esses conflitos variam de acordo com a estrutura psicológica da mulher, e que não são obrigatórios no climatério (Benedek e Rubinstein 1952).

É interessante considerar que as situações conflitivas observadas no climatério podem comprometer a auto-estima; isto, talvez, se explique pelo fato de muitas delas associarem o término da capacidade reprodutiva com a velhice e com a proximidade da morte, entendendo que o climatério passaria a ser um marco de perdas de objetivos, metas, funções sociais e juventude.

Convém ressaltar que nas sociedades ocidentais o aspecto físico e a beleza feminina são supervalorizados; daí, é compreensível que mudanças nesses atributos acarretem impacto negativo na autopercepção da mulher, gerando preocupação com o envelhecimento corporal.

Schindler (1987) considera que as doenças depressivas são as desordens psiquiátricas mais prevalentes da metade para a última fase da vida, e as mulheres são mais vulneráveis do que os homens.

A correlação entre depressão e climatério ainda é assunto controverso; trata-se de questão complexa pois durante esse período outras inquietudes tornam-se evidentes, tais como o envelhecimento, a morte dos pais, a saída dos filhos de casa em busca de independência e a dificuldade no relacionamento conjugal após muitos anos de vida em comum. Essas intercorrências podem provocar uma reavaliação de seus papéis de mãe e mulher, fazendo-a deparar-se com questionamentos relacionados a sua existência pregressa e futura. O confronto, não raro pela primeira vez, com a questão da própria morte, pode gerar um desequilíbrio em sua estrutura psíquica.

Do exposto, parece claro que a menopausa associa-se a uma ampla gama de sintomas. A partir daí, surgem duas correntes de opinião. Uma considera a menopausa como uma fase de desenvolvimento normal, outra a define como uma endocrinopatia. Do ponto de vista de Bernstein e Lenhart (1993), a associação da menopausa ao processo de envelhecimento, a acontecimentos desenvolvimentais e ambientais, estimulou a criação de uma atmosfera de controvérsias na mente das mulheres e dos profissionais de saúde.

Aspectos emocionais da cardiopata

A cardiopatia promove um comprometimento geral no indivíduo, afetando-o nos segmentos afetivo-emocional, intelectual e social; além do mais, por ser uma afecção ameaçadora, gera medo, ansiedade e insegurança, sinalizando para o indivíduo sua vulnerabilidade e finitude.

Por outro lado, não se pode esquecer o simbolismo do coração; de fato, é inegável que entre todos os órgãos do corpo, o coração foi sempre o escolhido para denotar sentimentos, apesar de existir outros órgãos "nobres", como, por exemplo, o cérebro, centro do pensamento e da lógica. Segundo Lamosa (1990), são infindáveis as citações religiosas, filosóficas, folclóricas, pictóricas, mitológicas, nas quais aparece o coração, símbolo universal, como sede de emoções, de vida, de objeto-síntese da pessoa. Portanto adoecer de um órgão que encerra sentimentos tão importantes, como amor, paixão e ódio, pode acarretar repercussões emocionais marcantes.

De acordo com a personalidade da paciente e com a intensidade da doença somática, as respostas emocionais caracterizam-se por atitudes passivas e regressivas, acarretando perda de independência e autonomia; outras vezes, há comportamentos de oposição, animosidade e desconfiança. Acrescenta-se ainda a mudança de papéis sociais que a cardiopatia promove nos âmbitos familiar, profissional e social.

Rozanski, Blumental e Kaplan (1999) relatam que há cinco fatores psicossociais que contribuem de forma significativa para a etiopatogenia e a expressão da doença isquêmica do coração; incluem a depressão, a ansiedade, a personalidade competitiva, o isolamento social e o estresse crônico.

As evidências que correlacionavam a ansiedade com a DIC eram limitadas à constatação de elevada mortalidade em pacientes psiquiátricos com ansiedade; atualmente verifica-se expressivo número de estudos que associam a ansiedade com a ocorrência de eventos cardíacos na população geral (Haines, Imeson e Meade 1987; Kawachi *et al.* 1994).

Friedman e Rosenman (1959), ao estudarem padrões de personalidade, identificaram um, denominado tipo A, que se caracteriza predominantemente por competição, hostilidade e exagerada vinculação ao trabalho, e que se associa freqüentemente com o desenvolvimento da DIC.

Nessa linha de pesquisa, a literatura tem desvelado estudos que relacionam traços do caráter individual com a DIC; assim, a hostilidade, maior atributo do padrão de personalidade "tipo A", tem merecido especial atenção como o principal elemento dessa construção de personalidade. A hostilidade interfere nos relacionamentos interpessoais e inclui traços como raiva, cinismo e desconfiança (King 1997).

O estresse crônico relacionado à DIC tem sido amplamente estudado, destacando-se aquele ligado à tensão no trabalho com alta demanda, baixo poder de decisão, pouca recompensa e ausência de controle sobre o trabalho.

O acúmulo de situações estressantes no dia-a-dia e sua possível relação com a DIC estimularam Holmes e Rahe (1967) a desenvolver um questionário denominado "Questionário de eventos vitais", que visa identificar os eventos ocorridos no último ano, tais como morte do parceiro, divórcio e perda de emprego, entre outros; a cada um deles atribuía-se um valor. Baseados nesse questionário, Rahe *et al.* (1974) observaram nítida associação entre infarto do miocárdio e morte súbita no período de seis meses após a ocorrência dessas situações estressantes.

Quando o indivíduo é acometido de um agravo à saúde, várias reações depressivas podem eclodir a partir de fatores pessoais, como, por exemplo, sentimentos de culpa, negação e reestruturação da escala de valores; portanto, o surgimento da cardiopatia pode predispor ao estabelecimento ou ao fortalecimento de uma configuração depressiva.

Estudos epidemiológicos recentes demonstram de forma consistente uma relação significante entre episódios de depressão maior e incidência de eventos cardíacos (Schleifer *et al.* 1989). Por outro lado, sabe-se que a presença de sintomas depressivos, na ausência de diagnóstico de depressão maior, também se associa com elevação do risco de eventos cardíacos; além do mais, há uma nítida relação entre magnitude da depressão e evento cardíaco (Anda *et al.* 1993).

Almeida e Fráguas Jr. (1996) referem que há três possíveis formas de associação entre depressão e doença cardiovascular: a depressão pode ser um fator de risco para o desenvolvimento de doença cardiovascular; as doenças cardiovasculares podem facilitar o aparecimento de sintomatologia depressiva e a doença cardiovascular não se associa com a depressão, mas pode correlacionar-se com fatores de risco comuns a ambas as doenças.

Deve, ainda, ser destacado que além de a cardiopatia poder alterar a dinâmica psíquica da paciente, o climatério *per se* pode representar uma outra situação estressante para o contexto psíquico da mulher.

O binômio cardiopatia e climatério como foco de interesse na área de saúde

Nos Estados Unidos, a doença cardiovascular é a causa mais importante de morte e incapacitação entre as mulheres após a menopausa (Schenck-Gustatson 1996). No Brasil, as taxas de mortalidade feminina por doença coronária, entre 45 e 65 anos, mostram-se maiores do que aquelas de países desenvolvidos (Lotufo 1996).

Cardiopatia e climatério estão vinculados a forte simbologia. Coração, centro da vida e das emoções, e menstruação, símbolo de fertilidade e saúde da mulher. As reações emocionais a esses dois eventos podem ser positivas, ou seja, a mulher cardiopata vivencia uma fase de reformulação de valores, mudanças de hábitos e estilo de vida, caminhando para um amadurecimento e um crescimento existencial, ou negativas, com supervalorização das perdas e falta de reestruturação do processo vital.

Sabe-se que a estrutura prévia da personalidade e a forma como a mulher enfrentou anteriormente outras situações de perdas e crises são determinantes importantes na forma de reagir ao binômio cardiopatia e climatério. As mulheres cardiopatas, no climatério, vivenciam concomitantemente situações de perdas muito significativas. Assim, com a doença, deparam-se com a perda da saúde e com o medo da morte, muitas vezes acompanhados de mudanças nos papéis social e profissional, além de alterações na dinâmica familiar. O climatério, por sua vez, também incrementa mudanças físicas, psíquicas e sociais.

Cabe lembrar que o climatério tem uma evolução diferente para cada mulher, dependendo de suas características intrapsíquicas e do contexto sociocultural, podendo, assim, ser mais ou menos conflitante. É um período de vulnerabilidade que pode exacerbar condições psíquicas patológicas preexistentes ou, por outro lado, ser vivido como um momento de desenvolvimento e amadurecimento pessoais, abrindo-se perspectivas em direção ao futuro (Marraccini 1999).

Nas investigações de Sherwin (1993), observou-se que, entre mulheres norte-americanas que procuram atendimento médico na fase da menopausa, 79% apresentam sintomas físicos e 65% referem variados graus de depressão, expressando a relevância dos sintomas psicológicos. Por isso, é imperioso que se avaliem as mulheres dentro de um amplo contexto, que deve incluir não só o médico, mas também os aspectos psicológico, social e cultural.

A psicanalista Benedek (1950) indicava, há mais de cinco décadas, que a terapêutica com hormônios alivia os sintomas neurovegetativos, mas os conflitos emocionais não se resolvem sem psicoterapia adequada; para ela, é fundamental a compreensão cuidadosa da personalidade da paciente e do que se passa com ela.

Diversos estudos têm reconhecido a importância de um significado para a existência para a obtenção da satisfação pessoal. Significado pessoal tem recebido definições que envolvem componentes de natureza cognitiva, motivacional e afetiva. Nesse sentido, Wong (1989) elaborou uma definição síntese que engloba diversos componentes: "significado pessoal é um sistema construído individualmente, isto é, fundamentado em valores e capaz de dotar a vida de satisfação pessoal".

Há mulheres que vivenciam de forma criativa seu desenrolar pela vida, encontrando sempre um novo sentido para crescerem, desenvolverem-se e contribuírem com o ambiente que as cerca; há também aquelas em que o envolvimento pragmático com tarefas cotidianas pode levar a um esvaziamento do espaço de viver imaginativo.

A mulher que entra em crise na meia-idade pode estar em busca de recapturar o sentimento de significado proveniente da vida criativa. Winnicott (1989) relata que o sintoma de uma vida não criativa é o sentimento de futilidade, de que nada importa.

Nos últimos anos os gerontólogos têm voltado sua atenção para o estudo do envelhecimento bem-sucedido; embora não se tenha chegado ainda a um consenso sobre esse conceito, admite-se que ele deveria incluir adequada saúde física, bem-estar psicológico e competência de adaptação (Wong 1989).

A importância dos fatores psicossociais e a magnitude dos problemas que envolvem a cardiopatia e o climatério são evidentes. Garantir condições para que essas mulheres vivam com independência e qualidade deve ser o foco de preocupação.

Bibliografia

ABREU, M.A.L. (1992). "Compreensão holística da síndrome climatérica". Tese de doutorado. Rio de Janeiro: UFRJ.

ALDRIGHI, J.M. (1996). "Balanço risco/benefício da terapêutica de reposição hormonal: Direções para o futuro". *Rev. Soc. Cardiol. Estado São Paulo*, 6(6), pp. 734-737.

ALMEIDA, O.P. e FRÁGUAS JR., R. (1996). "Depressão e doença cardiovascular". *Rev. Soc. Cardiol. Estado São Paulo*, 6(6), pp. 749-756.

ANDA, R. *et al.* (1993). "Depressed affect, hopelessness and the risk of ischemic heart disease in a cohort of U.S. adults". *Epidemiology*, 4, pp. 285-294.

APPOLINÁRIO, J.C. (1992). "Terapia hormonal e os sintomas psíquicos na menopausa". Parte 1: Revisão de literatura. *J. Bras. Psiquiatr.*, 44, pp. 169-176.

ATKINSON, R. (1993). *Introduction to psychology*. Nova York: Harcourt Brace & Company Edition.

BIFFI, E.F.A. (1991). "O fenômeno da menopausa: Uma perspectiva de compreensão". Dissertação de mestrado em Enfermagem. Ribeirão Preto: USP.

BENEDEK, T. (1950). "Climaterium: A developmental phase". *Psychoanal. Q.*, 19, pp. 1-27.

BENEDEK, T. e RUBINSTEIN JR., E.C. (1952). *Studies in psychosomatic medicine, psychosexual functions in women*. Nova York: Ronald.

BERNSTEIN, A.E. e LENHART, A.S. (1993). *The psychodynamic treatment of women*. Washington: American Psychiatric Press.

BYYNY, R.L. e SPEROFF, L. (1996). "The rectangularization of life". *A clinical guide for the care of older women: Primary and preventive care*. 2ª ed. Baltimore: Williams & Wilkins, pp. 1-19.

DEUTSCH, H. (1944). *Psychology of women*. Nova York: Grune & Stratton.

DENNERSTEIN, L. e BURROWS, G.D. (1978). "A review of studies of the psychological symptoms found at the menopause". *Maturitas*, 1, pp. 55-64.

FAVARATO, M.E.C.S. *et al.* (1999). "Aspectos psicológicos das mulheres cardiopatas no climatério". *Rev. Bras. Cardiol.*, 1(2), pp. 68-71.

FEBRASGO – FEDERAÇÃO BRASILEIRA DAS SOCIEDADES DE GINECOLOGIA E OBSTETRÍCIA (1995). *Climatério: Manual de orientação*.

FRIEDMAN, M. e ROSENMAN, R.H. (1959). "Association of specific overt behavior pattern with blood and cardiovascular findings: Blood cholesterol level, blood clotting time, incidence of arcus senilis, and clinical coronary artery disease". *JAMA*, 169, pp. 1.286-1.296.

HAINES, A.P.; IMESON, J.D. e MEADE, T.W. (1987). "Phobic anxiety and ischemic heart disease". *BMJ*, 295, pp. 297-299.

HOLMES, T. e RAHE, R. (1967). "The social readjustment rating scale". *J. Psychosom. Res.*, 11, pp. 213-218.

KANNEL, W. (1976). "Menopause and risk of cardiovascular disease: The Framinghan study". *Ann. Intern. Med.*, 85, pp. 447-452.

KAWACHI, I. *et al.* (1994). "Symptoms of anxiety and risk of coronary heart disease: The normative aging study". *Circulation*, 90, pp. 2.225-2.229.

KING, K.B. (1997). "Psychologic and social aspects of cardiovascular disease". *Ann. Behav. Med.*, 19, pp. 264-270.

KUSNETZOFF, J.C. (1988). *A mulher sexualmente feliz*. Rio de Janeiro: Nova Fronteira.

LAMOSA, B.W.R. (1990). *Psicologia aplicada à cardiologia*. São Paulo: Fundo Editorial BYK.

LOTUFO, P.A. (1996). "Doenças cardiovasculares no Brasil: Por que altas taxas de mortalidade?". *Rev. Soc. Cardiol. Estado São Paulo*, 6(6), pp. 667-671.

MARRACCINI, E.M. (1999). "Mulher: Significados no meio da vida". Dissertação de mestrado em Psicologia. São Paulo: PUC.

MINISTÉRIO DA SAÚDE (1994). Departamento de Assistência e Promoção à Saúde/ Coordenação Materno-Infantil. *Assistência ao climatério*. Brasília.

RAHE, R.H. *et al.* (1974). "Recent life changes, myocardial infarction and abrupt coronary death". *Arch. Intern. Med.*, 133, pp. 221-228.

ROZANSKI, A.; BLUMENTAL, J.A. e KAPLAN, J. (1999). "Impact of psychological factors on the pathogenesis of cardiovascular disease and implications for therapy". *Circulation*, 99, pp. 2.192-2.217.

SCHENCK-GUSTATSON, K. (1996). "Risk factors for cardiovascular disease in women: Assessment and management". *Eur. Heart J.*, 17, supl. D, pp. 2-8.

SHERWIN, B.B. (1993). "Menopause: Myths and realities". *In*: STEWART, D.E. e STOTLAND, N.L. *Psychological aspects of women's health care: The interface between psychiatry, obstetrics and gynecology*. Washington: American Psychiatric Press.

SCHINDLER, B.A. (1987). "The psychiatric disorders of midlife". *Med. Clin. N. Am.*, 71, pp. 127-134.

SCHLEIFER, S.J.; MACARI-HINSON, M.M. e COYLE, D.A. (1989). "The nature and course of depression following myocardial infarction". *Arch. Intern. Med.,* 149, pp. 1.785-1.789.

SKULTANS, V. (1979). "The simbolic significance of menstruation and menopause". *In*: WILLIANS, J.H. (org.). *Psychology of women: Selected readings.* Nova York: WW Norton & Company, pp. 115-127.

THONET, C. (1985). "Climateric: Una perspectiva psicosomatica". *Rev. Med. Chile,* 113, pp. 1.222-1.226.

WENGER, N.K. (1996). "Epidemiology of coronary heart disease in women". *Rev. Soc. Cardiol. Estado São Paulo,* 6(6), pp. 672-680.

WINNICOTT, D.W. (1989). *Tudo começa em casa.* São Paulo: Martins Fontes.

WONG, P.T. (1989). "Personal meaning and successful aging". *Can. Psychol.,* 30, pp. 516-525.

7
TRANSPLANTE CARDÍACO: AS DIFERENÇAS DE GÊNERO

Ana Augusta Maria Pereira

Breve histórico

O transplante de órgãos é hoje rotineiramente empregado em pacientes cardiopatas, para os quais o tratamento clínico, os procedimentos intervencionistas (por cateter) ou mesmo a cirurgia cardíaca não são suficientes para melhorar ou prolongar a vida.

Carrel e Guthrie, no início do século (1905), descreveram o transplante do coração de um cão pequeno, para o pescoço de um cão maior, realizando anastomoses na artéria carótida e na veia jugular deste último, indicando ser viável o funcionamento do coração em outro corpo, que não o próprio. Lower e Shumway (1960) foram os pioneiros da técnica operatória do transplante ortotópico, que permanece até hoje com poucas modificações.

O primeiro transplante cardíaco entre os seres humanos foi realizado na África do Sul, em dezembro de 1967, por Christiaan Barnard. Os resultados obtidos nessa época, em diferentes centros transplantadores, foram desanimadores, em virtude de complicações como rejeição e infecção, levando à interrupção do emprego desse procedimento.

Borel (1976) descreveu o efeito imunossupressor de uma substância extraída de um fungo – a ciclosporina. Pouco tempo depois, Oyer *et al.* (1983) relataram os primeiros resultados de seu uso em transplantes cardíacos no ser humano, com melhora da sobrevida (80% em 1 ano) e diminuição de complicações. Essa descoberta, acrescida da experiência acumulada sobre a seleção e a manutenção fisiológica dos doadores, sobre a preservação do enxerto (coração do doador) e sobre os cuidados pós-operatórios, alavancou o número de transplantes realizados no mundo. De acordo com os registros da *International Society of Heart and Lung Transplantation,* foram notificados 61.533 transplantes de coração até 2002, realizados pela maioria dos centros transplantadores no mundo.

No Brasil os três primeiros transplantes foram realizados pela equipe do doutor Zerbini, nos anos de 1968 e 1969, e aqui também a retomada da técnica ocorreu a partir da década de 1980.

Os desafios da avaliação psicológica de candidatos ao transplante cardíaco e os fatores psicossociais associados aos resultados desse procedimento

A insegurança em relação aos resultados obtidos com o transplante cardíaco, em sua fase histórica inicial, gerou critérios de seleção dos receptores bastante rigorosos, especialmente em virtude de complicações psiquiátricas no pós-operatório, hoje bastante flexibilizados, graças aos avanços e ao conhecimento já acumulados nesse campo.

Para facilitar a compreensão dos fenômenos psicológicos que acompanham os pacientes, desde que recebem a indicação dessa modalidade de cirurgia, os achados são comumente relatados por etapas cronológicas: o período de avaliação compreende a etapa na qual o paciente submete-se a vários exames complementares, no intuito de se descartar qualquer doença associada, por exemplo, um câncer, que possa consubstanciar-se num fator de risco para sua sobrevida, após o transplante, com a introdução da imunossupressão. Incluem-se aqui os distúrbios mentais que impedem a compreensão consciente do procedimento e a adequação ao cumprimento do protocolo pré e pós-cirúrgico, como discutiremos mais adiante. Temos ainda a fase de espera pelo órgão, o pós-operatório imediato e os dados provenientes dos resultados alcançados ao longo do período de sobrevida do transplantado.

Fortemente influenciados pela pesquisa no campo da psiquiatria, mais de 70% dos programas de transplante no mundo reconhecem como critérios de exclusão absoluta para esse procedimento as seguintes condições mentais: esquizofrenia com sintomas psicóticos agudos, ideação suicida, histórico de múltiplas tentativas de suicídio, demência, retardo mental severo (coeficiente de inteligência menor do que 50), abuso alcoólico e de outras dependências químicas, ainda em curso no momento da avaliação (Levenson e Olbrisch 1991; 1993).

O emprego isolado do *Diagnostic and statistical manual (DMS III 1980)* ou de versões atualizadas dele gerou considerável divergência nos critérios de seleção psicossocial em candidatos a transplante cardíaco. Os estudos indicam que a maioria dos pacientes não preenche os critérios para essa classificação diagnóstica. Os sintomas afetivos subclínicos não são detectados por esse método (Grandi *et al.* 2001). Seu emprego, além disso, mostra-se limitado para avaliar uma população crônica e gravemente doente. Sua utilização não se mostra suficiente para averiguar a capacidade do paciente aderir ao rigoroso regime médico imposto pelo programa de transplante cardíaco, talvez o mais importante fator preditivo, estando associado aos índices de morbidade e mortalidade no pós-operatório (Maricle *et al.* 1991; Skotzko *et al.* 1999).

Os estudos de Khun *et al.* (1990; 1998), Dew *et al.* (1994) e Phipps (1997) mostraram que desordens de ansiedade e depressão maior são os diagnósticos mais freqüentemente cotejados nesses casos, antes do transplante. Entretanto, os sintomas melhoram significativamente, ao longo do tempo, após a cirurgia e a recuperação do transplantado, não se constituindo em valor preditivo absoluto. Alertam que essas condições podem estar presentes em outras situações médicas, podendo denotar uma resposta sadia à situação. Assim, tanto é válido pensar que a morbidade psiquiátrica pode comprometer os resultados desse procedimento médico, como a realização do transplante pode resultar num evento disparador para a recuperação de um funcionamento psicológico mais adaptativo.

O abuso alcoólico situa-se entre os motivos mais freqüentes para a rejeição de candidatos ao procedimento, com provável participação etiológica ou agravante na dilatação do músculo cardíaco. Estudo realizado em nosso meio mostrou como a pronta exclusão de pacientes com histórico de abuso de bebida alcoólica, antes do aparecimento da cardiopatia, e a inclusão de pacientes abstinentes de álcool, por um período considerável, pode ser enganosa, quando o objetivo é avaliar o vínculo que o paciente estabelece com o tratamento, baseando-se apenas numa descrição sintomática (Pereira e Rosa 1998).

A comparação entre as variáveis psicológicas obtidas antes do transplante e os resultados obtidos após esse procedimento, em parâmetros tais como morbidade e mortalidade, tem sido foco de interesse atual. Quando o método de avaliação preliminar é o DSM III, os resultados médicos (sobrevida, re-hospitalizações, infecções e rejeição) mostram-se proporcionalmente distribuídos entre os pacientes, com ou sem uma desordem psiquiátrica previamente determinada (Skotzko et al. 1999). Quando a investigação utiliza outros procedimentos, os resultados são diversos. Maricle, Burt e Hosenpud (1991), por exemplo, demonstraram que pacientes com melhor função cardíaca apresentavam mais queixas psicológicas, enquanto os demais, com pior função, relatavam poucas queixas dessa natureza.

Contrariando esses resultados, Chacko et al. (1996) e Brandwin et al. (2000), por meio de escalas psicométricas, identificaram, como fator preditivo inequívoco para uma menor sobrevida após o transplante, um grupo de pacientes de risco que se caracterizaria por apresentar uma maior vulnerabilidade para o estresse e, associando-se a esse fator, a inadequação do *coping* e a falta de suporte social e histórico de não-adesão ao tratamento médico antes do transplante. Recomendam que esses indicadores sejam cotados antecipadamente, durante a fase de espera – a mais estressante para o paciente –, para que medidas psicoprofiláticas possam ser tomadas.

No campo da psicologia de orientação psicodinâmica, um estudo demonstrou que pacientes desesperançosos, que duvidavam de sua capacidade de sobrevivência até a obtenção do órgão, obsessivamente preocupados com o tempo de espera e insones, apresentavam intensa queda da probabilidade acumulada de sobrevivência (inferior a 6 meses), antes do transplante, diferenciando-se, em nível de significância estatística, quando comparados aos demais grupos de pacientes estudados (Pereira 2000; Pereira *et al.* 2002a).

Nessa pesquisa evidenciou-se também que há, para a maioria dos casos, resistência na aceitação desse tipo de tratamento, não podendo atribuir-se o pequeno número de transplantados somente à escassez de doadores. Os pacientes mais adaptados à situação demonstravam clara aceitação da piora da cardiopatia e reconhecimento do insucesso do tratamento convencional para insuficiência cardíaca. Desejavam que o transplante fosse realizado enquanto "estivessem bem", ou seja, com as demais funções corporais preservadas. Comentavam que quando "pensamentos ruins" vinham à mente (morrer, por exemplo), procuravam afastá-los, pensando nos benefícios que poderiam obter realizando a cirurgia. Construíam planos para o futuro: pretendiam viver melhor após o transplante.

Nessa situação, o risco de abandono de tratamento não está associado a nenhuma condição psicopatológica exclusiva, previamente determinada, mas pode ser presumível quando o paciente não demonstra verdadeira motivação, durante os contatos preliminares, para a realização do procedimento, inclusive não reconhecendo que tal decisão envolve algum grau de conflito (Pereira *et al.* 2002a; Knijnik 1993).

Identificaram-se, por meio de levantamento retrospectivo de casos em que houve abandono de tratamento imunossupressor no pós-operatório e mesmo antes, durante a fila de espera, os seguintes fatores: atitude de evasão/esquiva no fornecimento de informações pessoais, no atendimento psicológico, dificultando o estabelecimento de um grau de intimidade próprio e necessário num vínculo terapêutico; preocupação, por parte do paciente, em atestar a veracidade de seu propósito em realizar o transplante; preocupação em saber o que a equipe desejava dele; descrença no fato de que um dia seria "um transplantado", a despeito de proceder aos preparativos necessários para realização da cirurgia sem, contudo, mostrar-se ansioso pelo futuro acontecimento. E o fator mais importante: o depoimento de familiares (principalmente do cônjuge), desmentindo a capacidade de autocuidado do paciente e a estabilidade alegada de suas relações familiares, justificando a reação contratransferencial de desconfiança, despertada na equipe (Pereira 2000; Pereira *et al.* 2002a). Brandwin *et al.* (2000) identificaram, entre os fatores de desajustamento, um padrão de atitudes marcado por instabilidade, no qual o paciente, alternadamente, mostra-se necessitado ou abstém-se do relacionamento com os demais.

Um critério diagnóstico de alto valor preditivo não é a mera detecção de uma doença mental do paciente ou qualquer dificuldade, mas quanto o paciente se responsabiliza, como sujeito, por ela: *um paciente ético*. A esse propósito, vale lembrar a sugestão de Ferrari, Luchina e Luchina (1972): "o êxito não significa acertar um diagnóstico da psicopatologia do paciente que, de fato, sempre em maior ou menor grau, etiológica ou reativamente, existe, mas respeitar a natureza do enquadre selecionado pelo paciente". Dessa forma, o foco de atenção dos profissionais de saúde mental, no âmbito hospitalar, deve recair sobre as perturbações desse enquadre, de tal maneira que o diagnóstico será sempre situacional, voltado para as perturbações do vínculo paciente-equipe-instituição.

O êxito terapêutico desse tratamento fracassa quando o suporte familiar não é adequado ou deixa de existir. O transplante cardíaco pressupõe, portanto, uma ética familiar, uma vez que a presença da família, ao longo do processo, desde que confiável, possibilita ao paciente transformar, construtivamente, aspectos ligados à agressividade que são intrínsecos à natureza humana e que, portanto, não podem ser anulados (Pereira 2000).

Após a realização da cirurgia, a resposta psicológica imediata observada é um sentimento de bem-estar e felicidade; os pacientes o definem como uma experiência de renascimento. Essa dimensão simbólica, somada a altas doses de corticóides, ao aumento rápido da força física e às defesas do ego, resulta numa espécie de "lua-de-mel" com a vida. Quando não se evidencia esse padrão de resposta, observa-se um curso pós-operatório acidentado por problemas médicos e psicológicos. Entre estes últimos, estão aqueles decorrentes de dificuldades para o processo de incorporação psicológica do coração transplantado e da falta de suporte familiar (Pereira 2000; Pereira *et al.* 2002b; Knijnik 1993).

Ao longo do tempo, além dos fatores psicossociais já mencionados, o desemprego (ou a impossibilidade de qualquer atividade ocupacional remunerada), especialmente para o sexo masculino, é fator depreciativo importante sobre os índices de qualidade de vida, após o transplante cardíaco, deteriorando inclusive a adaptação em outras áreas (Pereira 2000).

O transplante e a diferença de gênero

O número de mulheres transplantadas no mundo não excede a 20%. Não há, no entanto, estudos que focalizem especificamente essa considerável diferença, atribuindo-se um menor número de indicações ao procedimento ao fato de as mulheres adquirirem uma doença cardíaca numa fase mais tardia da vida e à capacidade feminina de suportar melhor os sintomas da insuficiência cardíaca. Todavia, em face de sua necessidade, a mulher, de acordo com pesquisa realizada em nosso meio por Pereira *et al.* (2002a), parece mais propensa a recusá-lo prontamente.

Resultados adversos sugerem que o sexo feminino é fator de risco para rejeição e morte após o transplante cardíaco. O estudo multiinstitucional coordenado por Johnson *et al.* (1997), abrangendo um total de 3.244 mulheres transplantadas, comparou a incidência de rejeição e morte entre aquelas com história de cardiomiopatia periparto e aquelas em idade reprodutiva que haviam passado por transplante em virtude de outras doenças cardíacas de base. Rejeição e probabilidade acumulada de sobrevivência foram mensuradas e comparadas também entre as mulheres da amostra com história prévia de gravidez e as nulíparas. Os resultados foram comparados com os obtidos por 2.565 homens transplantados. Concluiu-se que a história prévia de gravidez, e não o sexo *per se,* está associada a um maior número de episódios de rejeição. Apesar da freqüência aumentada de rejeição em multíparas, a sobrevida destas foi igual às nulíparas e aos homens. Não foram encontradas diferenças quanto à doença cardíaca de base. Uma gestação prévia pode, portanto, criar um cenário imunológico que aumenta o risco de rejeição. O contato com antígenos fetais torna as mulheres mais sensibilizadas; após o transplante, a resposta imune é mais rápida e vigorosa.

A despeito do conhecimento já acumulado sobre as condições psicológicas necessárias a uma evolução benigna após o transplante, nenhum instrumento empregado na avaliação psicológica prévia de candidatos a transplante prevê uma análise a partir da diferença de gênero. No entanto, quando o método de abordagem permite que essas mulheres possam colocar sua interpretação subjetiva acerca das razões de seu sofrimento, a doença cardíaca – ou seu agravamento – é atribuída a uma ou a todas as suas gestações, ao trabalho de parto ou à própria dificuldade em desempenhar o papel de mãe. Essa observação não se mostrou dependente do tipo de cardiopatia de base, como também essas mulheres não detinham, no momento da abordagem, a informação sobre sua condição imunológica especial, em virtude de serem multíparas (Pereira 2000). Quando se analisam a freqüência e a natureza das dificuldades psicológicas para aceitação do transplante cardíaco, atribuídas pelo paciente (queixa manifesta), ao fato de vir a possuir o coração de outra pessoa (doador/enxerto), ao tratamento imunossupressor e ao risco de rejeição, encontramos diferenças qualitativas em função do sexo do paciente, como se pode observar na Tabela 1, extraída do estudo de Pereira et al. (2002b).

TABELA 1 – DISTRIBUIÇÃO PORCENTUAL DOS PACIENTES QUE APRESENTARAM DIFICULDADES PSICOLÓGICAS RELACIONADAS AOS TEMAS DOADOR/ENXERTO, IMUNOSSUPRESSÃO E REJEIÇÃO, POR SEXO

Tipo	Masculino		Feminino		Total	
	N	%	N	%	N	%
Doador/enxerto	12	6,8	1	2,3	13	5,9
Imunossupressão	5	2,8	1	2,3	6	2,7
Rejeição	3	1,7	4	9,1	7	3,2
Não apresentaram	157	88,7	38	86,3	195	88,2
Total	177	100	44	100	221	100

A natureza das preocupações verbalizadas sobre o doador/enxerto, antes da cirurgia, eram dos seguintes tipos: medo de transformar-se em outra pessoa; medo de adquirir deformidade física; sentimento de estranheza pelo fato de vir a se submeter a um tratamento antinatural; medo de mudar de sexo (virar mulher, caso o doador fosse do sexo feminino e o receptor masculino); medo de receber o coração de um travesti; medo de o enxerto ser de tamanho menor; recusar converter-se num abutre, esperando que alguém morra; contrair uma dívida impagável; não aceitar ter esse grau de dependência em relação a outro ser humano.

A única mulher a manifestar preocupações quanto ao doador/enxerto, no período de avaliação pré-cirúrgica, tinha medo de receber o coração de um bandido.

Um paciente, ilustrando como a relação fantasiada com o futuro doador pode impedir a aceitação do procedimento, comentou: "Não consigo pensar ter o coração de outra pessoa no peito e que alguém tenha que morrer para isso". Focalizou seu interesse, durante as duas entrevistas realizadas, em obter informações sobre as possíveis causas de morte dos doadores. Ao relatar a história de sua enfermidade, referiu que esta tinha se iniciado após ter atropelado e matado acidentalmente um pedestre. Além disso, ao relembrar seu passado, contou ter sido órfão de pai, morto por atropelamento.

Castelnuovo-Tedesco (1978) considera que, quando partes de um ser humano são colocadas em outro corpo, recria-se o modelo de simbiose dos primórdios da vida humana, em que mãe e bebê se encontram indiferenciados, num estado de fusão. Essa situação, segundo o autor, pode ameaçar a estabilidade, a continuidade e a natureza do *self* do indivíduo submetido a transplante. Em suas observações, constatou que o receptor sente "ter roubado" uma parte vital de outra pessoa e passa, por sua vez, a vivenciar uma profunda regressão, acompanhada de culpas primitivas e de medo de retaliação. Chiriaco (1998) refere que o paciente se sente devedor da vida a outrem e passa a ter dúvidas sobre quem detém a propriedade do corpo.

Diferentemente do que se postula, essa ameaça à identidade, a culpa pela morte de outrem e ansiedades persecutórias de caráter reivindicativo, vingativo, podem se manifestar antes mesmo da realização da cirurgia, consubstanciando-se num fator de resistência à sua aceitação, independentemente do sexo do paciente. Esses fatores podem ocorrer pela projeção que o paciente faz sobre sua futura condição ou por sua relação com experiências de perdas, em sua história de vida, como também constataram Götzmann e Schnyder (2002).

De modo geral, a manifestação dessas dificuldades, antes ou depois do transplante, ocorre quando os mecanismos de defesa, especificamente a negação, deixam de exercer sua função protetora, podendo, a depender do caso, levar ao fracasso na adaptação do paciente à situação (Young *et al.* 1991). Antes do transplante, se indagados sobre esse assunto, costumam comentar: "O computador da gente está na cabeça e não no coração". Machado Nunes (1996) afirma que o paciente promove uma descatexe do coração, transformando-o numa máquina não funcionante, conseguindo, assim, lidar com a perda do órgão, para depois da cirurgia, investir o enxerto de uma nova catexe emocional e afetiva.

Após o transplante cardíaco, a eclosão dessas dificuldades é percebida pelos pacientes como um fator perturbador, prejudicial à recuperação física e emocional. No entanto, a presença desses problemas não se constituiu, a rigor, fracasso no processo de adaptação, naqueles casos em que o paciente procurou, durante o atendimento psicológico, integrar o acontecimento, imprimindo-lhe um sentido simbólico, ou em outros nos quais as fantasias associadas à presença do doador/enxerto ligavam-se a situações de conflito prévias.

As preocupações com rejeição, mais freqüentes entre as mulheres, manifestaram-se, no relato dos pacientes estudados, nas seguintes modalidades de apresentação: dúvidas quanto à própria disponibilidade ou ao merecimento para aceitar ou sentir-se aceito por esse corpo estranho e a fantasia de que a rejeição é causada pela presença espiritual do doador, que reivindicaria seu órgão de volta.

O medo, entre os homens, de mudar de gênero, deformar o corpo e perder aspectos de sua identidade sexual, não foi encontrado nas mulheres, mais preocupadas com o risco de rejeição. É possível que a tarefa de incorporação do enxerto possa diferir em função do sexo do paciente. A gravidez biológica pode ser a melhor metáfora desse processo: quem vive no próprio corpo a presença de outro precisa acolher esse acontecimento e encontrar sentido para esse encontro (Ramminger 2000): tarefa particularmente difícil para os homens e extremamente ameaçadora para as mulheres que já se deixaram fecundar outras vezes e que, no momento do transplante, fazem-no com um desconhecido.

O surgimento de temas relacionados à maternidade, à gravidez, à paternidade e à adoção entre os pacientes analisados pressupõe que há, entre eles, uma preocupação ética em relação ao cuidar, semelhante à preocupação materna, necessária ao desenvolvimento da criança. Os transtornos dessa capacidade, independentemente do sexo do paciente, poderão ser um critério diagnóstico e de intervenção psicoterapêutica para sua inclusão no programa de transplante cardíaco.

Bibliografia

AMERICAN PSYCHIATRIC ASSOCIATION (1980). *Diagnostic and statistical manual (DSM III)*. 3ª ed. Washington: APA.

BARNARD, C.N. (1967). "A human cardiac transplant: An interim report of a successful operation performed at groote Schuur Hospital, Cape Town". *S. Afr. Med. J.*, 41, p. 1.271.

BOREL, J.F. (1976). "Comparative studies of *in vitro* and *in vivo* drug effects on cell mediated cyclotoxicity". *Immunology*, 31, p. 631.

BRANDWIN, M. *et al.* (2000). "Personality predictors of mortality in cardiac transplant candidates and recipients". *Journal of Psychosomatic Research*, 49, pp. 141-147.

CARREL, A. e GUTHRIE, C.C. (1905). "The transplantation of vein and organs". *Am. Med.*, 10, p. 1.101.

CASTELNUOVO-TEDESCO, P. (1978). "Ego vicissitudes in response to replacement or loss of body parts: Certain analogies to events during psychoanalytic treatment". *Psychoanal. Quart.*, 47, pp. 381-397.

CHACKO, R.C. *et al.* (1996). "Psychiatric interview and psychometric predictors of cardiac transplant survival". *Am. J. Psychiatric*, 153, pp. 1.607-1.612.

CHIRIACO, S. (1998). "Transplante autógeno, transplante alógeno, o Outro". *Boletim de Novidades – Pulsional*, ano XI. Centro de Psicanálise, pp. 43-47.

DEW, M.A. *et al.* (1994). "Psychosocial predictors of vulnerability to distress in the year following heart transplantation". *Psychological Medicine*, 24, pp. 929-945.

FERRARI, H.; LUCHINA, J. e LUCHINA, N. (1972). *La interconsulta médico-psicológica en el marco hospitalário*. Buenos Aires: Nueva Visión.

GOTZMANN, L. e SCHNYDER, V. (2002). "Posttraumatic stress desorder (PTSD) after heart transplant: The influence of earlier loss experiences on posttransplant flashbacks". *American Journal of Psychotherapy*, 56(4), pp. 562-567.

GRANDI, S. *et al.* (2001). "Psychological evaluation after cardiac transplantation: The integration of different criteria". *Psychoter. Psychosom.*, 70, pp. 176-183.

HERTZ, M.I. *et al.* (2002). "The registry of the International Society for Heart and Lung Transplantation: Nineteenth official report – 2002". *J. Heart Lung Transplant.*, 21(9), pp. 950-970.

JOHNSON, M.R. *et al.* (1997). "The incremental risk of female sex in heart transplantation: A multinstitutional study of peripartum cardiomyopathy and pregnancy". *J. Heart Lung Transplant.*, 16(8), pp. 801-811.

KHUN, W.F. et al. (1990). "Psychiatric distress during stages of the heart transplant protocol". *J. Heart Lung Transplant.*, 9, pp. 314-323.

_____ (1998). "Psychopathology in heart transplant candidates". *J. Heart Lung Transplant.*, 7, pp. 223-226.

KNIJNIK, A. (1989). *Uma contribuição da psiquiatria ao transplante cardíaco: Aspectos clínicos e psicodinâmicos*. Porto Alegre: Pontifícia Universidade Católica do Rio Grande do Sul.

_____ (1993). "Aspectos psiquiátricos do transplante cardíaco". *Revista da AMRIGS*, 37(1). Porto Alegre, pp. 19-24.

LEVENSON, J.L. e OLBRISCH, M.E. (1991). "Psychosocial evaluation of heart transplant candidates: An international survery of process, criteria and outcomes". *J. Heart Lung Transplant.*, 10(6), pp. 948-955.

_____ (1993). "Psichosocial evaluation of organ transplant candidates. A comparative survey of process, criteria and outcomes in heart, liver and Kidney transplantation". *Psychosomatics*, 34(4), pp. 314-327.

LOWER, R.R. e SHUMWAY, N.E. (1960). "Studies of orthopic homotransplantation of the canine heart". *Surg Forum*, 11, pp. 18-19.

MACHADO NUNES, J.M. (1996). "Psiquiatria de ligação e sua importância para o ensino, para a clínica e para a investigação em saúde mental e psiquiatria". *Mudanças: Psicoterapia e estudos psicanalíticos,* vols. 5-6. São Paulo: IMES, SBC.

MARICLE, R.A.; BURT, A.R. e HOSENPUD, J.D. (1991). "Correlations of cardiac function and SCL-90-R in heart transplantation candidates". *Int. J. Psychiatric Med.,* 21(2), pp. 127-134.

MARICLE, R.A. et al. (1991). "The lack of predictive value of preoperative psychologic destress for postoperative medical outcome in heart transplant recipients". *J. Heart Lung Transplant.*, 10(6), pp. 942-947.

OVER, P.E. et al. (1983). "Cyclosporine A in cardiac allografting: A preliminary experience". *Transplant. Proc.*, 15, p. 1.247.

PEREIRA, A.A.M. (2000a). "Configurações vinculares em candidatos a transplante cardíaco". Dissertação de mestrado em Psicologia Clínica. São Paulo: Instituto de Psicologia da Universidade de São Paulo.

_____ (2000b). "Considerações éticas sobre o papel dos profissionais de saúde mental que atuam junto a centros de transplante cardíaco". *Mudanças Psicot. Estud. Psicossociais,* 8(13), pp. 59-71.

PEREIRA, A.A.M. e ROSA, J.T. (1998). "Abuso de bebida alcóolica em cardíacos: Fatores psicológicos para inclusão no programa de transplante cardíaco". *Rev. Soc. Cardiol. Estado de São Paulo,* 8(6), supl. A, pp. 1-9.

PEREIRA, A.A.M.; ROSA, J.T. e HADDAD, N. (2002a). "Adaptação psicológica, fatores de risco e probabilidade de sobrevida em transplante cardíaco". *Mudanças Psicologia da saúde,* 10(1), pp. 41-61.

_____ (2002b). "Dificuldades psicológicas para o processo de incorporação do coração transplantado: Repercussões sobre a vinculação do paciente ao programa de transplante cardíaco". *Rev. Soc. Cardiol. Estado de São Paulo,* 12(2), supl. A, pp. 8-13.

PHIPPS, L. (1997). "Psychiatric evaluation and outcomes in candidates for heart transplantation". *Clin. Invest. Med.,* 20(6), pp. 388-395.

RAMMINGER, T. (2000). "Corpo grávido: Deixando-se fecundar pela vida". *Psicologia, Ciência e Profissão,* 20(4), pp. 54-63.

SKOTZKO, C.E. *et al.* (1999). "Psychiatric desordes and outcome following cardiac transplantation". *J. Heart Lung Transplant.,* 18(10), pp. 952-956.

YOUNG, L.D. *et al.* (1991). "Denial in heart transplant candidates". *Psychother. Psychosom.,* 55, pp. 141-144.

ZERBINI, E.J. e DECOURT, L.V. (1969). "Experience on three cases of human heart transplantation". *Annals of symposium mondial deuxième level heart transplantation,* 2. Quebec, pp. 179-182.

8
FATORES DE RISCO DA DOENÇA ARTERIAL CORONÁRIA EM MULHERES: UMA VISÃO PSICOSSOMÁTICA

Glória Heloise Perez

Doença arterial coronária e seus fatores de risco

A Doença Arterial Coronária (DAC) é uma patologia obstrutiva das artérias coronárias, que são as responsáveis pela irrigação do miocárdio. Entre suas manifestações sintomáticas estão a angina e o infarto agudo do miocárdio. É uma doença multifatorial, cuja prevenção depende do controle dos fatores de risco (Braunwald 1996).

Fator de risco é um conceito epidemiológico. Diz respeito a uma característica ou traço individual ou populacional que, estando presente precocemente na vida, está associado a um aumento do risco de desenvolvimento de determinada doença no futuro (Braunwald1996).

Os fatores de risco convencionais para a DAC incluem tabagismo, dislipidemia, diabetes, hipertensão, obesidade, sedentarismo e história familiar positiva. No entanto, estudos estão sendo realizados para a identificação de outros fatores de risco, na medida em que muitos pacientes que apresentam doença coronariana não possuem os já identificados. São considerados fatores de risco emergentes: outros fatores lipídicos (entre eles, a hipertrigliceridemia), outros fatores hemostáticos (fatores de coagulação e agregação plaquetária, a hiperviscosidade), fatores metabólicos (a síndrome de resistência à insulina, a hiperuricemia, o consumo de álcool), fatores infecciosos e inflamatórios, fatores hormonais (deficiência endógena de estrógeno na pós-menopausa), fatores antropométricos (índice cintura-quadril elevado), fatores socioeconômicos (classe socioeconômica baixa em países desenvolvidos), fatores psicossociais (depressão, estresse, agressividade/hostilidade), fatores genéticos (Sousa, Piegas e Sousa 2000).

A epidemiologia dos fatores de risco da doença arterial coronária em mulheres

A DAC é de 2 a 5 vezes mais freqüente em homens do que em mulheres, variando esta razão entre as várias populações. Os estudos epidemiológicos apontam que existem diferenças entre os sexos em termos da prevalência e do impacto dos fatores de risco para o desenvolvimento da DAC, embora os estudos sobre mulheres sejam menos freqüentes (Castelli *et al.* 1984; Jackson *et al.* 1997).

Em ambos os sexos, o risco aumenta acentuadamente com a idade (Jackson *et al.* 1997). No geral, entre os mais jovens, o nível dos fatores de risco é mais favorável para as mulheres, mas com o avançar da idade essa diferença tende a diminuir marcadamente (Jousilahti *et al.* 1999). As mulheres tendem a desenvolver a doença de 7 a 10 anos mais tarde do que os homens (Lerner e Kannel 1998). A diminuição na produção de estrógeno, depois da menopausa, muda o metabolismo lipídico das mulheres para uma forma mais aterogênica, ocorrendo diminuição do nível do colesterol HDL (bom colesterol) e aumento do nível do colesterol LDL (mau colesterol), dos triglicérides e das lipoproteínas (Mathews *et al.* 1989; Bonithon-Kopp *et al.* 1990). Além do efeito lipídico, o estrógeno pode ter um efeito cardioprotetor no metabolismo da glicose (Shahar *et al.* 1996). Em virtude da proteção do estrógeno, a DAC é rara na pré-menopausa, mas sua incidência aumenta levemente (por um intervalo de quase 15 anos) depois da menopausa, e exponencialmente na septuagésima década de vida da mulher (Kannel *et al.* 1976). Em muitas populações, o colesterol total aumenta com o avanço da idade. Entre os homens, esse aumento cessa por volta dos 45 a 50 anos, enquanto entre as mulheres, o aumento continua acentuado até a idade de 60 a 65 anos (Jousilahti *et al.* 1996).

Assim como o colesterol, a pressão arterial também tende a aumentar com a idade e mais proeminentemente na mulher do que no homem (NHBPEP 1993). As mulheres também tendem a apresentar maiores complicações dela decorrentes do que os homens, por isso existe uma forte associação entre hipertensão e DAC para as mulheres (Hsia 1998). Provavelmente, essa diferença deve-se à obesidade, que é mais freqüente entre as mulheres (Jousilahti *et al.* 1996; NHBPEP 1993). No Brasil, a prevalência de obesidade avaliada em 1989 aponta 13,3% entre as mulheres e 5,9% entre os homens (Braguinsky 2002).

Jousilahti *et al.* (1999) realizaram um estudo com 14.786 finlandeses para verificar as diferenças entre homens e mulheres com relação aos fatores de risco, concluindo que o nível de HDL colesterol e o tabagismo explicam uma substancial parte da diferença entre os sexos no risco da DAC. Aumento do colesterol total, da pressão arterial, do peso corporal e a prevalência de diabetes estavam associados com o aumento da incidência e da mortalidade pela DAC relacionada à idade, em ambos os sexos, mas numa extensão maior para as mulheres. Chrysohoou *et al.* (2003), comparando 848 pacientes hospitalizados (por apresentarem um primeiro episódio de síndrome coronária aguda) com 1.078 controles, observam que a doença foi significantemente mais freqüente em homens, mas as mulheres apresentavam idade média superior. Os dados revelaram que história familiar de DAC prematura e hipercolesterolemia estavam associadas a um maior risco entre os homens. No entanto, a hipertensão teve um efeito significantemente maior para as mulheres. Níveis mais altos de escolaridade e adoção de uma dieta mediterrânea apresentavam maior efeito protetor para as mulheres do que para os homens. Também foi detectada evidência de maior associação entre depressão e o risco coronário para as mulheres. Tabagismo, diabetes, Índice de Massa Corpórea, atividade física, consumo de álcool e condição socioeconômica não apresentaram diferenças.

Conthe Gutierrez (*apud* Conthe Gutierrez *et al.* 2003) detecta que as mulheres têm um perfil diferente de risco cardiovascular, apresentando mais freqüentemente diabetes e menos freqüentemente o hábito de fumar.

Um estudo brasileiro (Mansur *et al.* 2001) realizado com o objetivo de avaliar o perfil de fatores de risco aponta que as mulheres tinham a mesma idade média e um número maior de fatores de risco (hipertensão, diabetes, hipertrigliceridemia, hipercolesterolemia, história familiar) do que os homens (tabagismo e infarto prévio). Os pesquisadores chamam a atenção para o fato de que essa multiplicidade de fatores de risco presente nas mulheres pode minimizar a proteção do estrógeno, favorecendo o aparecimento da DAC mais precocemente. Corroborando com esses dados, o estudo de Tavani *et al.* (2002) sobre a força da interação da diabetes com outros fatores de risco aponta que o risco combinado da diabetes com hipercolesterolemia, hipertrigliceridemia, obesidade e alto consumo de café é mais forte entre as mulheres do que entre os homens.

Esses dados coadunam-se com o que obtivemos analisando um grupo de 345 pacientes internados no Incor – HC/FM/USP, com eventos agudos de DAC (infarto agudo do miocárdio ou angina instável) (Perez *et al.* 2002a). Comparando-se homens e mulheres, não havia diferença em termos de idade média, presença de hipercolesterolemia ou hipertrigliceridemia. No entanto, as mulheres, de forma significante, apresentaram com mais freqüência obesidade, hipertensão, diabetes, depressão, classe social baixa e falta de escolaridade. Os homens diferenciavam-se das mulheres por serem mais freqüentemente fumantes.

O Stockholm Female Coronary Risk Study, estudo de caso-controle de base populacional, também aponta que o risco de DAC é duas vezes maior entre as mulheres com somente nove anos de escolaridade se comparado àquelas com nível universitário (Wamala *et al.* 1999). Comparada às executivas, a classe de trabalhadoras de baixa qualificação têm quatro vezes mais risco de desenvolver uma DAC. Contudo, diferentemente dos homens, em que o baixo nível de controle no trabalho é um componente central de estresse, no caso das mulheres, esse aumento do risco não se justifica pela falta de controle e autonomia ou pela carga de trabalho que pode estar envolvida numa atividade menos qualificada.

As evidências científicas sugerem que há diferenças na relação entre estresse e morbidade coronária para homens e mulheres (Balog et al. 2003). Comparada ao homem, a mulher é mais sensível ao estresse familiar do que ao estresse laboral. Geralmente relata índices maiores de estresse relacionados a conflitos e a problemas familiares, reagindo com maior nível de tensão emocional (Brown e Smith 1992; Brown, Smith e Benjamin 1998; Smith et al. 1998; Smith e Gallo 1999). Os homens, por sua vez, experienciam estresse primariamente no trabalho e raramente na situação familiar (Orth-Gomer 1979).

Constatam-se evidências crescentes que problemas conjugais estão consistentemente relacionados com a saúde mental e física da mulher (Kiecolt-Glaser e Newton 2001; Phelan et al. 1991; Wamala et al. 2000). Dificuldades conjugais parecem ter um impacto psicológico e fisiológico maior nas esposas do que nos maridos. Vários pesquisadores (Brown e Smith 1992; Brown, Smith e Benjamin 1998; Smith et al. 1998; Smith e Gallo 1999) detectaram que desavenças conjugais eliciam maior reatividade cardiovascular entre as esposas, mas não entre os esposos; enquanto estressores causados pela subsistência econômica eliciam reatividade cardiovascular entre os esposos, mas não entre as esposas. O FemCorRisk aponta que problemas crônicos e dificuldades na relação conjugal aumentam o risco da recorrência de um evento cardíaco no período de cinco anos em três vezes; enquanto o estresse laboral, definido como a combinação de alta demanda com pouco controle sobre o trabalho, não piora o prognóstico. Para os homens, o estresse laboral está associado a um aumento do risco de depressão e de DAC (Phelan et al. 1991; Stansfeld 1999; Wamala et al. 2000).

Os estressores conjugais mais freqüentemente reportados foram infidelidade, abuso de álcool, doença orgânica ou psiquiátrica do marido, que podem ser considerados concretos e crônicos em sua essência.

A depressão foi duas vezes mais freqüente entre mulheres com DAC do que em mulheres saudáveis (Balog et al. 2003). Esses autores procuraram ir além dos já bastante estudados correlatos biológicos que definem os efeitos da depressão na patologia coronária, explorando as fontes sociais e emocionais da reação depressiva. Para a mulher, o estresse conjugal está, de forma significativa e independente de outros fatores de risco, associado a sintomas depressivos, enquanto o estresse laboral não (Balog *et al.* 2003; Davila *et al.* 1997). As mulheres com DAC reagem ao estresse conjugal de forma semelhante às mulheres saudáveis, mas com níveis mais altos de depressão, o que pode explicar sua condição de saúde mais precária. Há evidências de que a depressão pode mediar os efeitos do estresse conjugal na patologia coronária.

Na população geral, a depressão ocorre na proporção de 2:1 quando se comparam mulheres e homens (Fráguas Jr. 2000). Poucos estudos comparam a prevalência entre homens e mulheres com DAC, mas estudo realizado pelo Serviço de Psicologia do Incor aponta que mulheres com infarto ou angina instável apresentam depressão maior mais freqüentemente e em níveis mais graves do que os homens (Perez *et al.* 2002b).

A depressão também está associada a outros fatores de risco importantes para a população feminina, tais como obesidade (Neves e Cordás 2000) e diabetes (Gavard, Lustman e Clouse 1993). Pacientes diabéticos com depressão têm mais chance de desenvolver DAC (Kinder *et al.* 2002).

Concluindo, os dados epidemiológicos nos fazem ver que, para a mulher, os fatores que representam maior risco de adquirir a DAC são a hipertensão, a obesidade, a diabetes, a depressão, o estresse gerado na relação conjugal e familiar ou, ainda, a baixa escolaridade e a condição econômica menos favorecida. Outra característica apontada pelas pesquisas é que a mulher tende a apresentar esses fatores de risco associados e que sua interação terá um peso importante na determinação da DAC. Por outro lado, salienta-se também que, embora o número de fatores de risco nas mulheres seja bastante elevado, eles são tratáveis, modificáveis e principalmente passíveis de prevenção.

O equilíbrio psicossomático

A análise dos aspectos psicológicos dos fatores de risco se dará com base no conceito teórico de equilíbrio psicossomático.

Partindo do princípio básico da teoria psicossomática de Pierre Marty (1965), temos que a reorganização, diante do desequilíbrio gerado pela vivência de uma situação traumática, por meio da descarga do aumento da excitação pulsional decorrente, pode ocorrer nos planos psíquico, comportamental ou somático. Assim sendo, o trauma – "experiência de ausência de socorro nas partes do ego que devem enfrentar um acúmulo de excitação, de origem interna ou externa" (Freud apud Lebovici e Soulé) – atinge, em primeiro lugar, as estruturas mais evoluídas, as mais recentemente adquiridas durante o desenvolvimento (Marty 1965), ou seja, o aparelho psíquico, que deverá, por meio da elaboração psíquica, neutralizar o efeito traumático. Quando não houver um aparelho psíquico em condições de assimilar o traumatismo, o excesso de excitação pulsional pode descarregar-se no plano dos comportamentos (por meio da ação, por exemplo, comendo compulsivamente, fumando, agredindo fisicamente) ou poderá haver uma sobrecarga sobre o soma, que resultará numa somatização (Vieira 1997).

O elemento que definirá a capacidade do aparelho psíquico em assimilar o traumatismo é a qualidade da vida representativa. Uma vida representativa rica permitirá a simbolização, o processo de elaboração psíquica, a identificação e a nomeação dos afetos, a associação de idéias, a organização das defesas etc. Numa vida representativa pobre, os conteúdos conscientes e pré-conscientes são muito próximos da pura percepção, concretos, "pouco aptos a operar com situações emocionais mais complexas, as representações mentais são insuficientes e inadequadas para correlacionar, comparar, ponderar e distribuir as cargas afetivas" (Vieira 1997, p. 18). Nesse caso, o processo de reorganização poderá ter de servir-se das ações para efetivar-se, e se isso também não for suficiente, podem ocorrer as somatizações.

Equilíbrio psicossomático e os fatores de risco da doença arterial coronária

O conceito teórico de equilíbrio psicossomático permite-nos compreender as relações entre os vários fatores de risco e o desenvolvimento da DAC.

a) Equilíbrio psicossomático e obesidade, diabetes, hipercolesterolemia, hipertrigliceridemia, tabagismo

Obesidade, diabetes, hipercolesterolemia, hipertrigliceridemia são patologias que costumam estar associadas a hábitos alimentares.

O transtorno da compulsão alimentar é muito freqüente entre obesos. Apontam os estudos epidemiológicos que essa prevalência é da ordem de 40%, sendo ainda maior entre as mulheres (*DSM-IV* 1995).

A compulsão alimentar periódica é definida no *DSM-IV* (1995) como "ingestão, em um período limitado de tempo, de uma quantidade de alimento definitivamente maior do que a maioria das pessoas consumiria num período similar, sob circunstâncias similares, com sentimento de falta de controle sobre o consumo alimentar durante o episódio".

A compreensão dos mecanismos da compulsão alimentar, no referencial da psicossomática psicanalítica, é a de que se trata de um distúrbio da ordem das adicções.

A adicção caracteriza-se pela ação impulsiva e irrefreável em face de determinado objeto (Gurfinkel 2001).

Joyce McDougall (1987) define adicção como uma carência na elaboração psíquica e uma falha na simbolização, as quais são compensadas por um agir de caráter compulsivo, visando, dessa foma, reduzir a intensidade da dor psíquica pelo caminho mais curto, tendo uma função de descarga.

Gurfinkel (2001), explorando o tema da adicção a partir do conceito de objeto transicional de Winnicott, compreende as adicções como parte da psicopatologia manifestada na área da transicionalidade. A transicionalidade é a matriz da simbolização, pois está ligada à simbolização da ausência/ presença da mãe. Representa a transição do bebê de um estado em que está fundido com a mãe para um estado em que está em relação com ela, como algo externo e separado dela (Gurfinkel 1992). Na adicção o objeto transicional adquire a função de um objeto-fetiche (Gurfinkel 1992, 1996, 2001). Na compulsão alimentar, o objeto-fetiche é o alimento.

A relação com o objeto-fetiche alimento seria uma relação estabelecida sobre o modo primitivo de uma fantasia de fusão, com fracasso na passagem de um estádio de dependência absoluta para a dependência relativa (Gurfinkel 1992).

O uso patológico do objeto transicional pode instalar-se a partir de falhas da mãe (por exemplo, no caso de uma mãe que se separa do bebê mais do que ele pode suportar), que trazem a perda do sentido do objeto transicional. No entanto, antes disso, pode passar a haver o exagero do uso do objeto transicional, como parte da negação de que haja ameaça de ele se tornar sem sentido. Assim, passa a haver um uso pervertido do objeto (Gurfinkel 1992). Dessa maneira, a função do objeto é modificada: de elemento de comunicação, para negação da separação (Gurfinkel 2001, 1996). Em vez de um objeto confortador – ou seja, aquele que compensa a ausência da mãe –, ele se transforma num objeto acalmador, situação em que o objeto *é* a mãe, pois não atinge a condição de representante da mãe.

Resumindo, esse processo significa que encontramos uma falha simbólica que marca o funcionamento psíquico do sujeito, uma vez que a transicionalidade está intimamente ligada ao desenvolvimento do sentido do ser, à subjetividade, à capacidade de independência, à inserção no mundo simbólico (Lapastini 2001).

A busca da fusão temida e desejada revela-se claramente na adicção ao alimento. O impulso para comer é reflexo de uma necessidade psíquica do indivíduo de fusão total com a mãe, numa desesperada tentativa de resolver, assim, a tensão e a depressão daí advindas. A dependência do objeto alimento, que procura substituir a mãe ausente para aplacar o vazio, vazio de não ser, resulta em fracasso (Gurfinkel 1992).

A meta dos comportamentos aditivos é obscurecer e manter afastados da consciência experiências psíquicas impensáveis. Funcionam no registro da necessidade e não do desejo (*idem, ibidem*).

Pode-se concluir que as adicções estão intimamente ligadas a uma vida representativa pobre, que podem cumprir uma função importante no equilíbrio psicossomático. No entanto, esse equilíbrio é mantido precariamente, com uma grande vulnerabilidade à somatização, o que poderia explicar, em nível psicossomático, sua característica de fator de risco para a DAC.

Cabe salientar também que, para um grupo expressivo de fumantes, o cigarro tem função de auxiliar a enfrentar e a reduzir afetos negativos. Ou seja, busca-se escapar de uma experiência insuportável de tensão com uma experiência prazerosa, comportamento que está na base da dependência do cigarro. Nesse caso, trata-se de uma relação de adicção nos mesmos moldes da compulsão alimentar.

b) Equilíbrio psicossomático, hipertensão e estresse

Os dados epidemiológicos indicam que a hipertensão e o estresse conjugal são dois fatores de risco importantes para a DAC em mulheres. Hipertensão e estresse estão intimamente relacionados. O aumento da pressão arterial é uma reação natural ao fator estressor. Várias pesquisas (Lipp 1995) apontam que a demonstração de afeto negativo ou positivo é estressante para o hipertenso, ocorrendo aumento da pressão arterial e da freqüência cardíaca.

Alexander (1989), por meio de sua teoria dos perfis psicossomáticos, caracteriza o hipertenso como tendo um conflito ante seus desejos de passividade e dependência e o controle, o domínio e a autonomia. Impulsos agressivos cronicamente inibidos e mantidos sob controle não podem expressar-se livremente, escapando ocasionalmente em explosões de raiva. Para manter a agressividade sob controle aparecem a necessidade de agradar os outros, a supercondescendência, a polidez e atitudes submissas. Essa dinâmica gera sentimentos de inferioridade, que estimulam impulsos agressivos, instalando-se um verdadeiro círculo vicioso. Opõe-se um desejo de agradar e ser aprovado pelas figuras de autoridade e uma postura rebelde de "pronto para a briga" (organismo permanece inibido como se estivesse constantemente em preparação para uma luta que nunca acontece). Esses traços se derivariam de experiências infantis de dependência sem possibilidade de expressão de raiva e hostilidade por medo da perda do amor parental.

Lynch (1985) salienta que os hipertensos têm tamanha necessidade de controlar a demonstração de seus sentimentos, que chegam a ter dificuldade de detectar com precisão o que sentem, permanecendo distanciados de si próprios.

Apesar das críticas ao modelo teórico dos perfis psicossomáticos de Alexander, pois não considera fatores socioculturais e nem sempre se aplica a todos os casos, as características e a dinâmica psicológica apontadas nessa teoria e nos vários estudos de hipertensos mostram que a hipertensão pode ser a expressão de uma tensão que, não podendo ser simbolizada, é vivida no corpo.

c) Equilíbrio psicossomático e depressão

A depressão na DAC, diferentemente dos casos psiquiátricos, caracteriza-se pela ausência de auto-imagem depreciada e sentimentos de culpa (Telles *et al.* 2000) e pela marcada presença de irritabilidade e cansaço, de hiperfagia e hipersonia. Alguns autores denominaram esse estado como exaustão vital e não o diagnosticaram como depressão. Estudos também apontam associação entre alexitimia e depressão em pacientes com DAC (Valkamo *et al.* 2001), ou seja, inabilidade para reconhecer e verbalizar sentimentos, pobreza de vida onírica, dificuldade de comunicar-se com o outro, vazio de sentimentos.

Esses dados indicam que a depressão que será fator de risco para a DAC caracteriza-se pela ausência de sintomas de maior colorido neurótico e pela presença de alguns que traduzem vida representativa pobre, assim como a irritabilidade (uma angústia difusa, sem nome), o cansaço (localiza a angústia no corpo), a hiperfagia (compulsão alimentar), a hipersonia (fuga da realidade, inclusive psíquica, porque têm vida onírica pobre).

A condição social da mulher no Brasil como fator de risco para a doença arterial coronária: De Amélias a solitárias operárias chefes de família

A literatura em geral aponta, e estudos no meio brasileiro (Perez *et al.* 2002a) confirmam, que condição sociocultural baixa está associada com maior incidência de DAC, entre as mulheres.

O ingresso acentuado da mulher no mercado de trabalho brasileiro, desde a década de 1970, ocorreu em virtude de alguns fatores, como a necessidade econômica, a elevação da expectativa de consumo etc. Entre as necessidades econômicas que levaram a mulher ao trabalho, destacam-se não só as dificuldades profissionais enfrentadas pelos seus cônjuges, mas também o fato de ter aumentado em 50% o índice de mulheres que têm a função de chefes de família.

As funções profissionais mais freqüentemente desempenhadas por mulheres têm baixa remuneração, e mesmo quando exercem profissões mais tipicamente masculinas, recebem menos do que os homens. Esse estado de coisas gera o que se pode chamar de feminização da pobreza (Goldenberg 2000).

Mulheres com ocupações menos qualificadas encaram e muitas vezes interagem com outras fontes de estresse, além do trabalho, que são mediadas por fatores comportamentais e biológicos que aumentam o risco da DAC (Wamala *et al.* 2000).

Esses dados denotam que, de alguma forma, a entrada da mulher de baixo nível socioeconômico no mercado de trabalho brasileiro está associada a estresse. Nossa experiência clínica indica que esse estresse está determinado não só por elementos do real, mas também por sua estrutura de funcionamento psíquico. Percebe-se que a busca da mulher de baixo nível socioeconômico por um trabalho remunerado está muito ligada a um fracasso familiar. Como apontam as pesquisas, é o marido alcoólatra, o violento, o infiel, o que abandona a família, ou seja, o homem que de alguma forma falha, e não propriamente a realização profissional ou os desejos de independência econômica, que obrigam essa mulher a buscar um trabalho. No entanto, a vivência dessa situação, muito determinada pela escolha desse parceiro, pode estar permeada de elementos imaturos presentes no funcionamento psíquico dessa mulher. Sentimento frágil de identidade, *self* fragilmente estruturado, falta de domínio sobre o próprio corpo, indiferenciação eu-outro, busca do cuidado materno na relação conjugal, e não de um companheiro, dificuldade de adiar a satisfação, intolerância à frustração poderiam estar determinando uma escolha inadequada do cônjuge, uma gravidez indesejada, a dificuldade de lidar com uma separação, a dificuldade de assumir uma postura ativa perante as adversidades da vida.

Para concluir...

A mulher que tem mais chance de contrair DAC caracteriza-se por ter uma condição cultural e econômica desfavorável. Insatisfeita com sua vida afetiva e sobrecarregada com uma problemática familiar complexa, deprime-se. Com poucos recursos psíquicos para lidar com essa situação, busca refúgio das tensões no prazer da ingestão alimentar compulsiva e por vezes no cigarro. O excesso de tensão que não se escoa completamente na esfera dos comportamentos transborda pelo plano somático, por meio da hipertensão, até que, um dia, pelo infarto.

> Mirem-se no exemplo daquelas mulheres de Atenas
> Geram pros seus maridos os novos filhos de Atenas
> Elas não têm gosto ou vontade
> Nem defeito, nem qualidade
> Têm medo apenas
> Não têm sonhos, só têm presságios
> O seu homem, mares, naufrágios
> Lindas sirenas
> Morenas
> Chico Buarque

Bibliografia

ALEXANDER, F. (1989). *Medicina psicossomática: Princípios e aplicações.* Porto Alegre: Artmed.

BALOG, P. et al. (2003). "Depressive symptoms in relation to marital and work stress in women with and without coronary heart disease". The Stokholm Female Coronary Risk Study. *Journal of Psychosomatic Research*, 54, pp. 113-119.

BONITHON-KOPP, C. et al. (1990). "Menopause-related changes in lipoproteins and some other cardiovascular risk factors". *Int. J. Epidemiol.*, 19, pp. 42-48.

BRAGUINSKY, J. (2002). "Prevalencia de obesidad em América Latina". *Anales Sis San Navarra*, 25(1), pp. 109-115.

BRAUNWALD, E. (1996). *Tratado de medicina cardiovascular.* 4ª ed. São Paulo: Roca.

BROWN, P.C. e SMITH, T.W. (1992). "Social influence, marriage and the heart cardiovascular consequences of interpersonal control in husbands and wives". *Health Psycol.*, 11(2), pp. 88-96.

BROWN, P.C.; SMITH, T.W. e BENJAMIN, L.S. (1998). "Perceptions of spouse dominance predict blood pressure reactivity during marital interactions". *Ann. Behav. Med.*, 20(4), pp. 286-293.

CASTELLI, W.P. et al. (1984). "Epidemiology of coronary heart disease: The Framingham study". *Am. J. Med.*, 76, pp. 4-12.

CHRYSOHOOU, C. et al. (2003). "Gender differences on the risk evaluation of acute coronary syndromes: The Cardio 2000 study". *Prev. Cardiol.*, 6(2), pp. 71-77.

CONTHE GUTIERREZ, P. *et al.* (2003). "Different aproach in high cardiovascular-risk women, compared to men: A multidisciplinary study-Spain". *Med. Clin.* (Barc.), 120(12), pp. 451-455.

DAVILA, J. *et al.* (1997). "Marital functioning and depressive symptoms: Evidence for a stress generation model". *J. Pers. Soc. Psychol.*, 73(4), pp. 849-861.

DSM-IV (Manual diagnóstico e estatístico de transtornos mentais) (1995). 4ª ed. Trad Dayse Batista. Porto Alegre: Artmed.

FRÁGUAS JR., R. (2000). "Cirurgia de revascularização do miocárdio". In: FRÁGUAS JR., R. e FIGUEIRÓ, J.A.B. *Depressões em medicina interna e em outras condições médicas.* Rio de Janeiro/São Paulo: Atheneu.

GAVARD, J.Á.; LUSTMAN, P.J. e CLOUSE, R.E. (1993). "Prevalence of depression in adults with diabetes: An epidemiologic evaluation". *Diabetes Care,* 16, pp. 1.167-1.178.

GOLDENBERG, M. (org.) (2000). *Os novos desejos: Das academias de musculação às agências de encontros.* Rio de Janeiro: Record.

GURFINKEL, D. (1992). "A teoria das pulsões em Freud e a questão da toxicomania". Dissertação de mestrado. São Paulo: Instituto de Psicologia da USP.

_____ (1996). *A pulsão e seu objeto droga: Estudo psicanalítico sobre a toxicomania.* Petrópolis: Vozes.

_____ (2001). *Do sonho ao trauma: Psicossoma e adicções.* São Paulo: Casa do Psicólogo.

HALM, M.A. e DENKER, J. (2003). "Primary prevention programs to reduce heart disease risk in women". *Clin. Nurse Spec.*, 17(2), pp. 101-109.

HSIA, A.J. (1998). "Cardiovascular disease in women". *Med. Clin. North Am.*, 82(1), pp. 1-19.

JACKSON, R. *et al.* (1997). "Sex difference in ischaemic heart disease mortlity and risk factors in 46 communities: An ecologic analysis". *Cardiovas. Risk Factors*, 7, pp. 43-54.

JOUSILAHTI, P. *et al.* (1996). "Twenty-year dynamics of serum cholesterol in middle-aged population of eastern Finland". *Ann. Intern. Med.*, 125, pp. 713-722.

_____ (1999). "Sex, age, cardiovascular risk factors and coronary heart disease". *Circulation*, 99, pp. 1.165-1.172.

KANNEL, W.B. (1987). "Metabolic risk factors for coronary heart disease in women perspective from the Framingan study". *Am. Heart J.*, 114(2), pp. 413-419.

KANNEL, W.B. *et al.* (1976). "Menopause and the risk of cardiovascular disease: The Framingham study". *Ann. Intern. Med.*, 85, pp. 447-452.

KIECOLT-GLASER, J.K. e NEWTON, T.L. (2001). "Marriage and health: His and hers". *Psychol. Bull.*, 127(4), pp. 472-503.

KINDER, L.S. *et al.* (2002). "Depressive symptomatology and coronary hear disease in type I diabetes mellitus: A study of possible mechanisms". *Health Psychol.*, 21(6), pp. 542-552.

LAPASTINI, M.A.B. (2001). "Transicionalidade". *In*: OUTEIRAL, J.; HISADA, S. e GABRÍADES, R. *Winnicott-seminários paulistas*. São Paulo: Casa do Psicólogo.

LERNER, D.J. e KANNEL, W.B. (1998). "Patterns of coronary heart disease morbidity and mortality in the sexes: A 26-year follow-up of the Framingham population". *Am. Heart J.*, 111, pp. 383-390.

LIPP, M.N. (1995). "Estresse e hipertensão arterial essencial". *In*: OLIVEIRA, M.F. e ISMAEL, S.M.C. (orgs.). *Rumos da psicologia hospitalar em cardiologia*. Campinas: Papirus, pp. 175-184.

LYNCH, J.J. (1985). *The language of the heart*. Nova York: Basic Books.

MANSUR, A.P. *et al.* (2001). "Clustering of traditional risk factors and precocity of coronary disease in women". *International Journal of Cardiology,* 81, pp. 205-209.

MARTY, P. (1965). *Los movimientos individuales de vida y muerte*. Barcelona: Toray.

MATHEWS, K.A. *et al.* (1989). "Menopause and risk factors for coronary heart disease". *N. Engl. J. Med.*, 321, pp. 641-646.

MCDOUGALL, J. (1987). *Em defesa de uma certa anormalidade: Teoria e clínica psicanalítica*. 2ª ed. Porto Alegre: Artmed.

NHBPEP – NATIONAL HIGH BLOOD PRESSURE EDUCATION PROGRAM (1993). "Working group report on primary prevention of hypertension". *Arch. Intern. Med.*, 153, pp. 186-208.

NEVES, J.E.P. e CORDÁS, T. (2000). "Transtornos alimentares". *In*: FRÁGUAS JR., R. e FIGUEIRÓ, J.A.B. *Depressões em medicina interna e em outras condições médicas*. Rio de Janeiro/São Paulo: Atheneu.

ORTH-GOMER, K. (1979). "Ischemic heart disease and psychological stress in Stockholm and New York". *J. Psychosom. Res.*, 23, pp. 165-173.

PEREZ, G.H. *et al.* (2002a). "Fatores associados ao tabagismo: Estudo de pacientes com síndromes isquêmicas miocárdicas instáveis". *Rev. Soc. Cardiol. Estado de São Paulo*, 12(2), supl. B, p. 28.

_____ (2002b). "Explorando as relações entre depressão e doença arterial coronária: Estudo de pacientes com síndromes isquêmicas miocárdicas instáveis". *Rev. Soc. Cardiol. Estado de São Paulo*, 12(2), supl. B, p. 12.

PHELAN, J. *et al.* (1991). "Work stress, family stress and depression in professional managerial employees". *Psychol. Med.*, 21, pp. 999-1.012.

SHAHAR, E. *et al.* (1996). "Relations of hormone-replacement therapy to measures of plasma fibrinolytic activity". *Circulation*, 93, pp. 1.970-1.975.

SMITH, T.W. e GALLO, L.C. (1999). "Hostility and cardiovascular reactivity during marital interaction". *Psychossom. Med.*, 11(2), pp. 88-96.

SMITH, T.W. *et al.* (1998). "Agency, communication and cardiovascular reactivity during marital interaction". *Health Psychol.*, 17(6), pp. 537-545.

SOUSA, A.G.M.R.; PIEGAS, L.S. e SOUSA, J.E.M.R. (orgs.) (2000). *Fatores de risco emergentes para doença coronária*. Série monografias Dante Pazzanese, vol III. São Paulo: Revinter.

TAVANI, A. *et al.* (2002). "Diabetes mellitus as a contributor to the risk of acute myocardial infarction". *Journal of Clinical Epidemiology*, 55, pp. 1.082-1.087.

TELLES, R.M.S. *et al.* (2000). "Coronariopatia e insuficiência cardíaca". *In*: FRÁGUAS JR., R. e FIGUEIRÓ, J.A.B. *Depressões em medicina interna e em outras condições médicas*. Rio de Janeiro/São Paulo: Atheneu.

VALKAMO, M. *et al.* (2001). "Alexithymia in patients with coronary heart disease". *Journal of Psychosomatic Research*, 50, pp. 125-130.

VIEIRA, W.C. (1997). "A psicossomática de Pierre Mary". *In*: FERRAZ, F.C. e VOLICH, R.M. (orgs.). *Psicossoma: Psicossomática psicanalítica*. São Paulo: Casa do Psicólogo.

WAMALA, S.P. *et al.* (1999). "Potential explanations of the educational gradient in women: A population based case-control study of Swedish women". *American Journal of Public Health*, 89(3), pp. 315-321.

_____ (2000). "Job stress and the occupational gradient incoronary heart disease risk in women: The Stockholm Female Coronary Risk Study". *Social Science & Med.*, 51, pp. 481-489.

9
ASPECTOS EMOCIONAIS DA MULHER COM DOENÇA ARTERIAL CORONÁRIA

Maria de Fátima Praça de Oliveira e
Protásio Lemos da Luz

Embora seja do conhecimento de todos que o comando de nossa vida física e mental está fisiologicamente ligado ao cérebro, é, sem dúvida alguma, o coração que simboliza as emoções mais fortes do ser humano. Amor e ódio, alegria e tristeza, coragem e medo são sentimentos que se associam tradicionalmente ao coração. Diante dessa mística e simbólica interpretação, já ensinada por Hipócrates e seus discípulos, quando diziam que o "coração não poderia ficar doente, pois seria incompatível com a vida", ou ainda mais tarde, quando Aristóteles advertia que o "coração era o último órgão a morrer", fica fácil entender por que qualquer problema cardíaco ganha uma dimensão particular e especial, superando, muitas vezes, o conceito clínico das manifestações mais simples e dos achados laboratoriais mais elementares.

Nas últimas décadas, as doenças do coração passaram a ser a maior causa de morte em todo o mundo. A cardiopatia isquêmica é, sem dúvida, a mais freqüente dessas doenças, podendo aparecer de maneira súbita ou evoluir lentamente. Independentemente da maneira de como ela se instala, o paciente terá que conviver com a doença por toda a vida.

O registro mais antigo sobre o infarto do miocárdio foi encontrado numa múmia egípcia do sexo feminino que viveu há 1000 a.C. Ela teria 50 anos e seu coração mumificado apresentava sinais de aterosclerose nas artérias coronárias.

No passado, a morte por infarto era menos freqüente talvez porque poucas eram as pessoas que ultrapassavam os 60 anos, período este em que mais freqüentemente aparecem os problemas cardiovasculares. A maioria desses eventos ocorria com pacientes do sexo masculino. Talvez por isso, durante décadas, a doença arterial coronária (DAC) foi conhecida como a "doença do homem de meia-idade", pois muito raramente acometia as mulheres. Até próximo dos anos 80, toda investigação científica sobre a doença era feita com pacientes do sexo masculino e as mulheres geralmente eram excluídas das pesquisas (Jacobs e Sherwood 1996).

Atualmente, a visão da doença arterial coronariana nas mulheres deixou de ser simplista e passou a ser estudada com maior interesse, uma vez que se tornou a principal causa de morte no mundo ocidental também entre as mulheres, matando mais que o câncer de mama e útero (Da Luz e Solimene 1999).

Na mulher, os seguintes fenômenos podem ocorrer simultaneamente e afetar seu lado emocional. Dois são naturais e constantes: a menopausa e o envelhecimento. Os outros são ocasionais, como a doença arterial coronária e conseqüentemente as mudanças de estilo de vida.

O envelhecimento traz importantes conseqüências, físicas e emocionais, para a mulher. Dentre os aspectos físicos, incluem-se as alterações da força muscular, a perda da elasticidade do aparelho locomotor, as mudanças de postura corporal, a queda da resistência física e da disposição geral. Além disso, podem aparecer rugas e cabelos brancos, o que pode causar impactos emocionais significativos, como a perda da atração física para o sexo oposto. Na realidade, esse período, por si só, exige da mulher uma adaptação especial na vida, cujo equilíbrio é muito individual e depende, naturalmente, dos valores morais, religiosos, familiares e sociais de cada pessoa.

A ocorrência da menopausa também representa um impacto significativo na vida da mulher. Ela traz uma conscientização da idade. Por causa das modificações hormonais, surgem sintomas como ondas de calor, irritabilidade, indisposição geral, dores abdominais, sensação de inchaço no corpo, fadiga e, ocasionalmente, depressão. Ao mesmo tempo, outras manifestações clínicas significativas se associam à menopausa. Entre elas, citamos, como exemplo, a osteoporose, que ocasiona fraturas que podem levar a longos períodos de repouso forçado ou ao uso de próteses.

No entanto, talvez o problema clínico de maior impacto coincidente com a menopausa seja a ocorrência de doença coronária. Como já dissemos anteriormente, a causa de morte mais freqüente na mulher, atualmente, é a doença cardiovascular, nela incluídos os problemas coronários e os acidentes vasculares cerebrais.

Estresse, doença coronária e sexo feminino

FIGURA 1 – MECANISMOS LIGANDO O ESTRESSE EMOCIONAL NA MULHER À DAC E SUAS CONSEQÜÊNCIAS

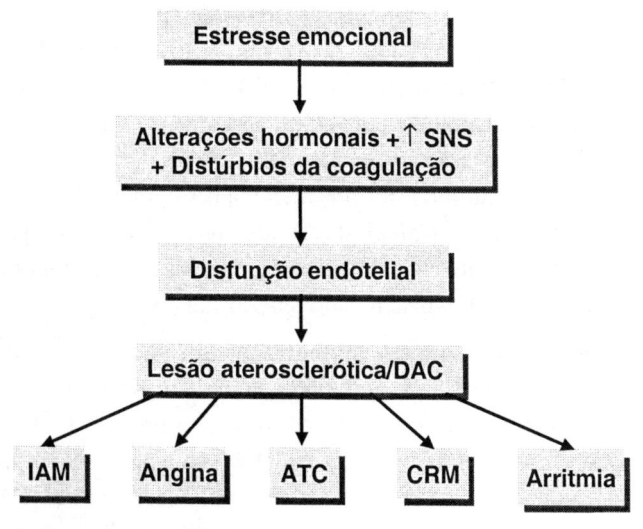

```
┌──────────────────────┐
│  Estresse emocional  │
└──────────┬───────────┘
           ▼
┌──────────────────────────────┐
│ Alterações hormonais + ↑ SNS │
│   + Distúrbios da coagulação │
└──────────┬───────────────────┘
           ▼
┌──────────────────────┐
│  Disfunção endotelial│
└──────────┬───────────┘
           ▼
┌──────────────────────────┐
│ Lesão aterosclerótica/DAC│
└──────────────────────────┘
   │      │      │      │      │
   ▼      ▼      ▼      ▼      ▼
 IAM   Angina  ATC   CRM   Arritmia
```

IAM = Infarto agudo do miocárdio
ATC = Angioplastia transluminal coronária
CRM = Cirurgia de revascularização do miócárdio

É uma informação conhecida a de que a mulher, no período fértil, tem mais proteção contra a DAC, informação esta amplamente divulgada na literatura médica. No entanto, o que de fato se observa é um retardo de aproximadamente dez anos no aparecimento da DAC na mulher em relação ao homem. Após a menopausa, sem a "proteção" estrogênica, a incidência de DAC no homem e na mulher é praticamente a mesma. No entanto, deve-se observar que estudos anátomo-patológicos recentes em mulheres na pré-menopausa mostram grande incidência de lesões ateroscleróticas em mulheres jovens, negras e brancas. Portanto, as informações acima dizem respeito mais especificamente às síndromes clínicas, e não ao processo fisiopatológico inicial (Rozanski, Blumenthal e Kaplan 1999).

Anormalidades da função ovariana poderiam acelerar a aterosclerose. Assim, estudos em macacas na pré-menopausa, submetidas a estresse psicológico, mostraram que elas sofrem importantes disfunções ovarianas, desenvolvendo aterosclerose exacerbada e anormalidades na reatividade das artérias coronárias. Elas também apresentaram concentrações bastante reduzidas de estradiol plasmático, quando comparadas a animais sem estresse. Esses estudos em animais sugerem que o estresse emocional poderia representar um fator de risco para a DAC em mulheres na pré-menopausa, por meio de ações neuroendócrinas e de estrogênios. De fato, há estudos que relacionam irregularidades menstruais a maior risco de infarto do miocárdio. E mais, um estudo (Oliver 1974) observou aumento dos níveis de fibrinogênio plasmático em mulheres com irregularidades do ciclo menstrual em comparação àquelas de ciclo regular. Por outro lado, também se observou que mulheres na pré-menopausa com DAC documentada angiograficamente tinham níveis de estradiol reduzidos em comparação aos controles, e que esses níveis eram parecidos com os observados em macacas estressadas, do trabalho mencionado anteriormente.

Curiosamente, muitas mulheres na pré-menopausa sofrem de comprometimento ovariano, o que tem sido chamado de hipogonadismo hipotalâmico funcional. O estresse psicológico tem sido freqüentemente relacionado a essa anormalidade (Berga 1997). A amenorréia hipotalâmica funcional, que é uma expressão dessa anormalidade, associa-se à geração anormal de hormônio luteinizante e à hipocortisolemia. Tais anormalidades subclínicas também têm sido associadas à perda óssea pré-menopausa.

Assim, é possível que mulheres com estresse emocional pré-menopausa sofram de hipogonadismo funcional hipotalâmico e, como observado nas macacas com estresse induzido, tenham disposição para a aterosclerose acelerada e precoce. Essa disfunção ovariana pode passar despercebida, mas, quando se usam medidas indiretas da mesma, tal como história de irregularidades menstruais, de fato se nota uma associação com aterosclerose prematura e elevados fatores de risco coronários (La Vecchia, Decardi *et al.* 1987; Punnonem, Jokela *et al.* 1997).

Os mecanismos pelos quais o estresse mental poderia induzir à aterosclerose incluem a disfunção endotelial, a ativação do sistema nervoso simpático, que pode acarretar aumento da freqüência cardíaca e da pressão arterial, além da ativação de elementos da coagulação, incluindo plaquetas, hemoconcentração e fibrinogênio.

Um dos trabalhos mais conhecidos que relacionam emoções com doenças cardíacas é o de Rosenman e Friedman (1989), que estudaram a personalidade em um grupo de pacientes, classificando essas personalidades em tipos A e B. Observou-se que nos pacientes de personalidade do tipo A, a incidência de coronariopatia era sete vezes maior que nos de tipo B. Como pontos importantes da personalidade tipo A, podemos citar uma luta incessante sempre em busca de atingir o máximo em menos tempo. Isso acaba por abrigar um sentimento de hostilidade manifesta ou dissimulada que vai gerar sentimentos de rancor, irritação e impaciência, entre outros. Atualmente existem estudos epidemiológicos que associam o aumento do risco de doença coronária em pessoas raivosas ou iradas, em virtude de reações exageradas das funções cardiovasculares, especialmente quando esses estados são crônicos.

Provavelmente, as mudanças de hábitos ocorridas na vida da mulher nos tempos modernos expliquem a ocorrência tão alarmante da DAC no sexo feminino. Os múltiplos papéis que a mulher hoje desempenha, como cuidar da família e trabalhar fora de casa, podem gerar tensões que contribuem para a instalação da doença. Em mulheres com as características de personalidade do tipo A, o risco de desenvolvimento da doença coronária é maior entre as que exercem simultaneamente trabalhos de executiva e domésticos. Além desses fatores da personalidade do tipo A, a alimentação com dietas inadequadas, sem restrição de gorduras e carboidratos, o fumo, a falta de atividade física adequada e regular, tornaram a mulher mais vulnerável às doenças cardiovasculares.

Mudanças de estilo de vida e adaptações à doença

Quando a DAC é diagnosticada, mudanças na vida da pessoa são inevitáveis. Passar por todo o processo de diagnóstico até a compreensão das implicações do que será preciso para o tratamento costuma causar uma expectativa muito grande, alternando momentos de medo, ansiedade, esperança e até depressão. Geralmente isso acontece porque o paciente "vê" o coração pela sua simbologia emocional, tornando mais difícil aceitá-lo como órgão doente que precisa ser tratado. As reações emocionais do paciente com relação à doença devem ser valorizadas. É importante levar em conta as questões subjetivas vindas do paciente e de como ele assimila ou não a sua doença.

Quando há necessidade de tratamento cirúrgico, as pessoas poderão reagir de duas maneiras opostas: algumas reagem positivamente, interpretando que a intervenção representará um alívio de seus problemas; outras reagem negativamente, acreditando que a intervenção irá interromper suas atividades, acarretando modificações nos seus hábitos de vida. A descoberta, pelo paciente, de que ele não é onipotente ou infalível é um fato bastante decepcionante. Na mulher, essas reações não são fundamentalmente diferentes daquelas observadas nos homens. Independentemente da idade, do sexo e da situação socioeconômica, surgem fantasias em relação à morte, à dor, às agressões cirúrgicas, aos limites de suas atividades e à recuperação propriamente dita.

É de grande importância que todas as dúvidas do paciente sejam esclarecidas, procurando-se desmistificar essas fantasias, que quase sempre são exacerbadas. É necessário orientá-lo para as fases de pré, trans e pós-operatório, enfatizando a importância de sua participação ativa na recuperação. Segundo Marin, o paciente, quando tem conhecimento do que terá que vivenciar, aumenta seu controle, diminuindo, assim, o nível de ansiedade.

É importante ressaltar a preocupação especial da mulher com as alterações estéticas decorrentes das incisões cirúrgicas. As mulheres apresentam uma preocupação compreensível com a imagem corporal, diferentemente da reação dos homens. Existe, na mulher, uma inibição maior em mostrar o corpo marcado, e a dificuldade em aceitar o corte no peito e nas pernas. Preocupação com relação ao companheiro também é comum; saber se ele a aceitará "retalhada" ou "com registro no meio do peito", como foi referido por certa paciente. Os homens, por sua vez, exibem os cortes e os demonstram como ato de coragem e heroísmo, quase como as cicatrizes dos antigos guerreiros.

Nessas ocasiões, o apoio psicológico deve ser enfático, objetivando mostrar os aspectos positivos do tratamento, que é a busca da recuperação da saúde e da qualidade de vida. Evidentemente, quando a reação da paciente for desproporcional, deixando marcas profundas no aspecto psicoemocional, é importante o encaminhamento para tratamento psicoterápico, após a alta hospitalar. Isso vai ajudar não só em sua recuperação física, como também em sua reintegração social (Oliveira e Da Luz 1992).

Como vimos, na mulher, a DAC tem muitas peculiaridades. A perfeita compreensão dessas diferenças de comportamento, em comparação com pacientes do sexo masculino, é essencial para que a orientação médica e a psicoterápica possam ser bem-sucedidas.

Bibliografia

BERGA, S.L. (1997). "Behaviorally induced reproductive compromise in women and men". *Semin. Reprod. Endocrinology*, 15, pp. 47-53.

DA LUZ, P.L. e SOLIMENE, M.C. (1999). "Peculiaridades da doença arterial coronária na mulher". *Revista Ass. Méd. Bras.*, 45(1), pp. 45-54.

FRIEDMAN, M. e ROSENMAN, T. (1989). "Type A behavior: Its diagnosis, cardiovascular relations and the effect of its modification on recurrence of coronary artery disease". *Ann. J. Cardiol.*, 12, pp. 19-35.

JACOBS, S.C. e SHERWOOD, J.B. (1996). "The cardiac psychology of women and coronary heart disease". *In:* ALLAN, R. e SCHEIDT, S. (orgs.). *Heart and Mind*. Washington: APA, pp. 197-218.

LA VECCHIA, C.; DECARDI, A. *et al.* (1987). "Menstrual and reproductive factors and the risk of myocardial infarction in women under fifty-five years of age". *Am. J. Obstet. Gynecol.*, 157, pp. 1.108-1.112.

MARIN, B.V. (1983). "El uso de la psicología en la promoción de la salud". (Mimeo.)

OLIVER, M.F. (1974). "Ischaemic heart disease in young women". *BMJ*, 4, pp. 253-259

OLIVEIRA, M.F.P. e DA LUZ, P.L. (1992). "O impacto da cirurgia cardíaca". *In:* MELLO FILHO, J. *Psicossomática hoje.* Porto Alegre: Artmed, pp. 253-258.

PUNNONEM, R.; JOKELA, H. *et al.* (1997). "Impaired ovarian function and risk factors for atherosclerosis in premenopausal women". *Maturitas*, 27, pp. 231-238.

ROZANSKI, A.; BLUMENTHAL, J.A. e KAPLAN, J. (1999). "Impact of psychological factors on the pathogenesis of cardiovascular disease and implications for therapy". *Circulation*, 99, pp. 2.192-2.217.

10
A MULHER CARDIOPATA E O TABAGISMO

Silvia Maria Cury Ismael

Introdução

O tabaco tem sido utilizado nas Américas há milhares de anos (desde 1000 a.C.), de várias formas e com propósitos culturais diferentes. Nas sociedades modernas, o tabaco vem sendo utilizado como estimulante, causando uma melhora no rendimento e no prazer pessoal e social. A planta chamada *Nicotiana tabacum* chegou ao Brasil pela migração dos índios tupis-guaranis, e o primeiro contato dos portugueses com a erva foi no seu desembarque aqui. No século XVI seu uso foi disseminado na Europa por Jean Nicot. As folhas dessa planta foram inicialmente utilizadas para fumo de cachimbo (século XVII), rapé, tabaco para mascar (séc. XVIII), charuto (séc. XIX), e desde o início do século passado o cigarro passou a ser produzido em escala industrial, sendo associado a padrões de vida elevados, atingindo principalmente o público mais jovem (Costa e Silva e Romero 1988; Schwartz 1992; www.falandoseriosobredrogas.org.br).

O tabagismo é a principal causa evitável de doença e morte no Brasil e no mundo. Em 1918, o consumo do cigarro tinha disparado em relação às outras formas de utilização do tabaco, e a epidemia havia começado. Já na década de 1930, os filmes passaram cada vez mais a utilizar o cigarro, tentando passar a imagem de pessoas fortes, saudáveis e destacadas. Nessa mesma década, já se observa a indústria do tabaco investindo no *marketing* para que as mulheres iniciassem seu uso, também através de filmes. Grandes e conhecidas musas do cinema da época fumavam nos filmes, e cigarros com marcas e figuras femininas foram lançados no mercado, aumentando seu consumo entre as mulheres. A crença de que, ao fumar, os anseios e as expectativas do fumante serão realizados faz com que aumente o uso do cigarro em pessoas que são facilmente influenciáveis.

Desde a publicação do primeiro relato do Surgeon General, em 1964, a saúde pública vem lutando contra o tabagismo, confirmando que ele é considerado uma adicção que ameaça diretamente a saúde (Gimenez 1990). Tem causado uma epidemia de morbidade e mortalidade prematuras, por seu efeito sobre doenças respiratórias, cardiovasculares e as neoplasias (Borhani 1977; Gimenez 1990; Fuchs 1992). A mortalidade chega a ser duas vezes maior em fumantes do que em não-fumantes e isso representa a maior causa de morte em grandes cidades do Brasil (Lolio e Laurenti 1986). A perspectiva de mortalidade atual pelo uso do cigarro em países desenvolvidos é de três milhões, e em países em desenvolvimento, um milhão. Para o ano de 2020, a perspectiva de mortalidade é de três milhões em países desenvolvidos e de sete milhões em países em desenvolvimento; isso significa dez milhões de mortes ligadas ao uso do tabaco no ano de 2020. Também segundo a Organização Mundial da Saúde (OMS), o tabaco mata, por ano, três milhões de pessoas, esse número de óbitos é maior do que a soma de mortes por Aids, cocaína, heroína, álcool, suicídio e acidentes de trânsito (Becoña e Vasquez 1998; www.fumantes.com.br).

Mesmo sendo o tabagismo uma prática antiga no mundo, só após os anos 80 a nicotina foi incluída como droga que causa dependência psicoativa entre os critérios diagnósticos de doenças (OMS 1993).

Segundo a OMS, existe hoje 1,2 bilhão de fumantes no planeta; nos últimos dez anos, estimou-se que 30 milhões de pessoas foram a óbito por causa do cigarro. O Brasil é o 6º maior consumidor de tabaco do mundo e tem uma das piores taxas anuais de mortes associadas ao fumo na América Latina – 120 mil mortes por ano. A partir de 1964, o consumo passou a diminuir, passando de 41% de adultos fumantes para 28%, em 1992. Em relação ao sexo, inicialmente havia uma prevalência do sexo masculino sobre o feminino. Mas este último aumentou seu consumo e parece que a tendência, com o passar do tempo, é de que essa diferença por sexo seja equivalente ou até maior (www.cigarro.med.br). O aumento no consumo de cigarros pelo sexo feminino tem ocorrido desde a década de 1960, quando as mulheres passaram a adotar hábitos e atividades antes só exercidas pelo sexo masculino, pela sua entrada no mercado de trabalho, gerando mais estresse e competitividade, além da dupla jornada de trabalho. No Brasil estima-se que haja 11,2 milhões de fumantes do sexo feminino na faixa etária de 20 a 40 anos. Essa faixa etária já apresenta riscos de doenças cardiovasculares seis vezes maiores do que em mulheres não-fumantes (Passos 2003).

A dependência física e psicológica

Primeiramente devemos definir: o que é a dependência da droga?

É o uso e a necessidade física e psicológica da substância psicoativa, mesmo sabendo de seus efeitos nocivos. A substância psicoativa é aquela que, ao ser assimilada pelo sistema nervoso central, modifica a emoção e o comportamento, produzindo prazer e fazendo com que o indivíduo não consiga ficar sem usar a droga.

A dependência do cigarro pode ser física, psicológica e por condicionamento.

Para que haja dependência física, deve haver pelo menos três ou mais situações nos últimos 12 meses, como: forte desejo e compulsão; dificuldade de controle de início, término ou da quantidade de consumo; na ausência da droga ocorre abstinência; necessidade de doses maiores: tolerância; e persistência no uso (OMS 1993).

A dependência psicológica pode ser observada quando a nicotina é usada como recompensa em estados negativos, de angústia, ansiedade e de aumento do rendimento psicofísico. Ela desempenha papel importante na manutenção da adicção, ocorre paralelamente e parece ser mais difícil de ser percebida e tratada. No sistema nervoso central, a nicotina liga-se a receptores cerebrais e gera efeito nos neuromediadores (noradrenalina, acetilcolina, serotonina, dopamina). A noradrenalina aumenta a freqüência cardíaca e a atenção, a acetilcolina promove melhora da memória e a dopamina leva à euforia e aumenta o prazer. Ocorre ainda uma neuroadaptação por meio de seu uso crônico (Marques *et al.* 2001). A utilização do cigarro promove *estimulação*, pela qual o fumar pode ser percebido como modulador de funções fisiológicas que melhoram a atenção, a concentração e a energia pessoal; *prazer*, pois a nicotina libera substâncias hormonais que dão maior sensação de prazer, por meio das atividades neuroquímicas do cérebro nas vias de recompensa; *redução de tensão*, pois a nicotina do cigarro, quando chega aos receptores cerebrais, ajuda a diminuir a ansiedade do fumante, dando uma sensação momentânea de alívio; *hábito*, que é entendido como um condicionamento do fumar em determinadas situações, como, por exemplo, logo após o almoço; e a *adicção*, que é caracterizada pelo tempo que o indivíduo consegue ficar sem fumar, ou seja, tem a ver com a tolerância da nicotina e com a dependência física (Labbadia e Ismael 1995; Leshner 1996).

Trata-se de um condicionamento à associação automática realizada entre o cigarro e alguns comportamentos ou situações rotineiras: após as refeições, após o café, ao beber, durante atividades intelectuais, ao dirigir, no banheiro, no telefone, entre outras.

O comportamento do dependente é reforçado pelas conseqüências da ação farmacológica, ou seja, o drogadicto começa a associar humores, situações ou fatores ambientais específicos aos efeitos primários e reforçadores da substância. Alguns dos efeitos primários da nicotina são: estimulante, melhora da atenção e da concentração, rendimento de tarefas, redução de tensão, aumento do prazer, diminuição da ansiedade. Estes são aspectos que podem acarretar a rescidiva do uso da droga, no período de abstinência. Aspectos de personalidade e condições sociais, como indivíduos rebeldes e com distúrbios afetivos, parecem aumentar a probabilidade de propiciar a dependência. Os fatores sociológicos podem determinar o risco e os padrões do abuso de drogas, e o comportamento de usar droga na família ou entre amigos é forte motivador e reforço para seu consumo (Leite e Franken 1999).

O padrão cognitivo do fármaco-dependente mostra que ele se sente incapaz de desenvolver atividades diárias sem o uso da droga. Há um viés negativo no conteúdo de seus pensamentos: se algo falha, ele automaticamente pensa que isso se deve a sua falta de controle. Conseqüentemente ele se sente culpado, fracassado, e utiliza a droga, apresentando baixa tolerância à frustração e muita ansiedade. Tende a atribuir significados subjetivos a certas palavras e/ou situações, distorcendo sua significação real e objetiva, além de ter o que se denomina pensamento automático, ou seja, diante de qualquer problema, a primeira coisa a fazer é lançar mão da droga, sem pensar se há outra forma de lidar com a situação.

Tabagismo, mulher e cardiopatia

O cigarro contém uma mistura de 4.720 substâncias tóxicas, sendo algumas gasosas, como o monóxido de carbono, o alcatrão e a nicotina. O alcatrão tem componentes radioativos, como urânio, polônio-210 e carbono-14, e concentra ainda 43 substâncias comprovadamente cancerígenas. Contém ainda metabólitos, tiocinato, cotidina, cádmium, cobre, ferro, níquel, chumbo, benzopirina, arsênico, benzina, e amônia, entre outros (Souto Jr. e Ribeiro 2000).

O monóxido de carbono, quando inalado pelos pulmões, vai para o sangue e diminui a capacidade do mesmo em transportar oxigênio. As células não respiram adequadamente, o que prejudica o fôlego do fumante, além do risco de ocorrerem doenças cardiovasculares e respiratórias. A nicotina diminui a capacidade de circulação do sangue, aumenta o depósito de gorduras nas artérias e vasos, sobrecarregando o coração e podendo levar ao infarto do miocárdio. Ocorre um aumento da freqüência cardíaca e da pressão arterial, podendo desencadear arritmias.

A curto prazo, os efeitos causados à saúde pelo fumo são: irritação dos olhos, tosse e dor de cabeça, aumento de problemas alérgicos e cardiovasculares; a médio e longo prazo: diminuição da capacidade respiratória, infecção respiratória, aumento do risco da aterosclerose, câncer e infarto do miocárdio. Das doenças coronarianas, 25% estão associadas ao fumo, assim como 85% das doenças pulmonares obstrutivas crônicas e 80%

das doenças cerebrovasculares, além de mais de 50 doenças associadas. O tabagismo é responsável por aproximadamente 45% dos óbitos por doença coronariana nos homens com menos de 65 anos e por mais de 25% nos de idade superior a 65 anos. Na mulher, a alteração dos níveis séricos de hormônio luteinizante, vasopressina, hormônio diurético, prolactina e o aumento dos níveis de catecolaminas, androgênios adrenais e cortisol podem ser responsáveis pela ocorrência dos problemas cardiológicos e tromboembólicos, e quando a mulher entra na menopausa, o risco de ocorrência de doença coronariana fica praticamente igual ao do sexo masculino.

São vários os fatores de risco para a doença coronariana. Se considerarmos somente o tabagismo, ele duplica a chance da doença cardíaca; se é associado à alteração de colesterol ou à hipertensão, esse risco se multiplica por quatro, assim o risco é oito vezes maior quando os três fatores estão juntos.

O tabagismo é responsável por 90% dos infartos em mulheres abaixo dos 50 anos. O prognóstico da doença coronariana para o sexo feminino é pior do que aquele registrado para o sexo masculino, com maior morbimortalidade por infarto e por complicações nas cirurgias de revascularização do miocárdio (Passos 2003).

Especificamente na mulher, os dados demonstram que aquelas que iniciam o vício do cigarro antes dos 17 anos têm sua menopausa antecipada para os 40 anos. Além disso, o cigarro associado ao uso de anticoncepcional aumenta em dez vezes o risco de infarto agudo do miocárdio, embolia pulmonar e tromboflebite. Fonseca *et al.* (1999), em um estudo com mulheres fumantes e não-fumantes, observaram, para estas últimas, menopausa antecipada em três anos, maiores níveis plasmáticos de colesterol total, LDL-colesterol e triglicérides, o que reforça o grande risco para doenças do coração. Straten *et al.* (2001) citam ainda a doença vascular periférica aterosclerótica, além de mudanças na pele e no cabelo, entre outras.

As mulheres têm maior probabilidade para o acidente vascular cerebral, comparativamente aos homens (Souto Jr. e Ribeiro 2000), e demonstram que, apesar de procurarem tratamento mais do que o sexo oposto, têm uma dificuldade maior para parar de fumar. São mais vulneráveis à depressão e mais sensíveis; não havendo suporte social, podem ter uma recaída ou manter o uso do cigarro. Outra preocupação importante é o medo do aumento de peso após a cessação do uso do cigarro. Provavelmente isso irá ocorrer, pois há uma diminuição do metabolismo, com menor perda calórica, podendo ocorrer uma substituição do cigarro pela comida, uma vez que um dos sintomas da abstinência é o aumento da ansiedade. Nesse momento, é importante cuidar para que as pacientes saibam compreender esse mecanismo e lidar adequadamente com sua ansiedade (Schimitz, Schneider e Jarvik 1997). No caso da mulher fumante deprimida, é como se ela usasse o cigarro como "remédio". Uma vez suprimido o cigarro, a depressão pode piorar, causando recaída (Perez 2002). Tais mulheres apresentam ainda baixa auto-estima e pouca resistência à frustração.

Acompanhando grupos de pacientes para cessação do fumo no Hospital do Coração, observou-se que a proporção de mulheres tem aumentado a cada ano; no grupo, a porcentagem varia de 50% a 80% em relação ao sexo masculino. A ligação emocional das mulheres com o cigarro é diferente, pois quando se retira delas o cigarro, seja gradual ou totalmente, a crise de ansiedade é muito forte, a irritabilidade, a insônia e a tristeza aumentam e observam-se até mesmo, em alguns casos, quadros de choro compulsivo e depressão. O medo de engordar é verbalizado claramente, e referido por pelo menos 90% das mulheres tratadas. Sentem-se incapazes de levar sua rotina sem o cigarro e são elas que recaem mais facilmente nos primeiros seis meses após a alta. É muito freqüente, ainda, projetarem em outras pessoas ou em outras situações o motivo de não conseguirem parar de fumar ou de terem recaído ao hábito.

Os hábitos saudáveis são determinados por uma série de fatores, tais como percepção de sintomas emocionais, sociais, culturais e cognitivos. Para que o paciente se trate, ele deve perceber a ameaça à sua saúde e acreditar no tratamento proposto. Qualquer tratamento de mudança de comportamento deve considerar a prontidão para a mudança. Os pacientes do sexo feminino demonstram dificuldade em se conscientizar da necessidade da cessação do fumo, mesmo sabendo que ele é nocivo à sua saúde. Nos casos acompanhados no Hospital do Coração, pelo menos 57% das recaídas, no sexo feminino, ocorrem por ansiedade aumentada e por problemas emocionais que, segundo elas, "é impossível suportar sem o cigarro" (o cigarro como bengala).

A recaída faz parte do processo de parada e deve ser encarada pelo cuidador de forma natural, não deixando de dar apoio ao paciente, nem mesmo criticando-o. O próprio paciente sente-se mal em relação à recaída e passa por uma frustração e uma forte sensação de fracasso.

Hoje em dia sabe-se que 80% dos fumantes param de fumar sozinhos, mas 20% deles não conseguem e pedem ajuda (Becoña e Vasquez 1998). Nós, como psicólogos, temos um papel fundamental nesse cuidado, pois os programas multidisciplinares voltados para o tratamento da parada do hábito de fumar são os que mais funcionam. A técnica utilizada é a da terapia comportamental-cognitiva, em sessões programadas, e o sucesso desse tipo de tratamento, em um ano, tem sido em torno de 60% (Ferreira 2002). O cigarro é utilizado como "companheiro"; na supressão dele, reagem como em uma situação de perda, devendo ser trabalhadas em relação ao "luto" da perda do cigarro. O tratamento basicamente associa o atendimento médico ao atendimento psicológico, introduzindo-se a medicação a base de bupropiona associada ou não ao adesivo de nicotina transdérmica (Hughes 2000). Nos casos em que há dificuldade de assimilar os malefícios do uso do cigarro, observou-se que tanto a medicação como o adesivo de nicotina não faziam efeito adequado ou mesmo exacerbavam a vontade de fumar. Os tratamentos em grupo são muito eficazes pelas experiências que o grupo compartilha em relação às dificuldades e às descobertas advindas do tratamento. As mudanças de hábitos de vida são importantes para a manutenção da abstinência do cigarro e envolvem ingestão de muita água, técnicas de respiração para relaxar, exercício físico, ingestão de alimentos não-calóricos, supressão de objetos que lembrem o cigarro, entre outros (Shiffman et al. 1993). Uma outra idéia talvez seja a de realizar um grupo homogêneo, só de mulheres, visando facilitar sua exposição dentro do grupo e criar uma identificação maior. A literatura reforça, ainda, que tratar pacientes deprimidas é um mau prognóstico para o sucesso do tratamento. Contudo, não podemos negar tratamento se a paciente procura ajuda, e uma alternativa é fazer com que essas pacientes tenham um período de atendimento mais prolongado.

Esse é um vasto campo de trabalho, de interesse científico, no qual o objetivo maior é a prevenção de doenças tanto primárias quanto secundárias. Certamente, nós, psicólogos, temos um papel fundamental nessa área.

Bibliografia

BECOÑA, E. e VASQUEZ, F. (1998). "Estado actual de las alternativas terapéuticas para dejar de fumar". *Addiciones*, 10, pp. 69-82.

BORHANI, N.O. (1977). "Primary prevention of coronary heart disease: A critique". *Am. J. Cardiol.*, 40, pp. 251-259.

COSTA e SILVA, V.L. e ROMERO, L.C. (1988). "Programa nacional de combate ao fumo: Plano de trabalho para o período 1988-2000". *Rev. Bras. Cancerol.*, 34, pp. 245-254.

FERREIRA, M.P. (2002). "Tabaco". *In:* TOSCANO, A. e SEIBEL, S.D. (orgs.). *Dependência de drogas.* Rio de Janeiro/São Paulo: Atheneu, pp. 95-106.

FONSECA, A.M. *et al.* (1999). "Menopausa e tabagismo". *Revista Ginec. Obstet.*, 10(1), pp. 21-25.

FUCHS, F.D. (1992). "Fármacos usados em cardiopatia isquêmica". *In*: FUCHS, F.D. e WANNMACHER, L. *Farmacologia clínica: Fundamentos da terapêutica racional.* Rio de Janeiro: Guanabara Koogan, pp. 384-409.

GIMENEZ, A .S. (1990). "Efectos del tabaco en el organismo". *PCM Ser. Symp.*, 4 (1), pp. 38-43.

HUGHES, J.R. (2000). "Nicotine related disorders". *In*: SADOCK, B.J. e SADOCK,V.A. *Kaplan & Sadock's comprehensive textbook of psychiatry.* Baltimore: Willians e Wilkins, pp. 1.033-1.038.

LABBADIA, E.M. e ISMAEL, S.M.C. (1995). "Uma visão psicológica do tabagista". *In*: OLIVEIRA, M.F.P. e ISMAEL, S.M.C. *Rumos da psicologia hospitalar em cardiologia.* Campinas: Papirus, p. 73.

LEITE, J.C.T. e FRANKEN, R.A. (1999). "Psicoterapia de grupo no tratamento da dependência de nicotina: Experiência da Santa Casa de São Paulo". *Rev. Soc. Cardiol. Estado de São Paulo*, 9, supl. A, pp. 1-10.

LESHNER, A.L. (1996). "Understanding drug addiction: Implications for treatment". *Hosp. Pract.*, 15, pp. 47-59.

LOLIO, C.A. e LAURENTI, R. (1986). "Tendência da mortalidade por doenças cerebrovasculares em adultos maiores de 20 anos de idade no Município de São Paulo (Brasil), 1950 a 1981". *Rev. Saúde Pública*, 20, pp. 343-346.

MARQUES, A.C.P.R. *et al.* (2001). "Consenso sobre o tratamento da dependência de nicotina". *Revista Bras. Psiq.*, 23(4), pp. 200-214.

OMS (1993). *Classificação de transtornos mentais e de comportamento da CID 10.* Porto Alegre: Artmed.

PASSOS, F. (2003). "Tabagismo na mulher". Disponível em: www.tj.ce.gov.br

PEREZ, G.H. (2002). "Fatores associados ao tabagismo: Estudo de pacientes com síndromes isquêmicas miocárdicas instáveis". *Revista Socesp*, 2(2), suplemento especial, trabalho 1, mar./abr., p. 89.

SCHMITZ, J.M.; SCHNEIDER, N.E. e JARVIK, M.E. (1997). "Nicotine". *In:* LOWINSON, J.H. *et al.* (orgs.). *Substance abuse: A comprehensive textbook.* Baltimore: Williams & Wilkins, pp. 276-294.

SCHWARTZ, J.L. (1992). "Método para parar de fumar". Clínica médica da América do Norte. *Tabagismo*, 2, pp. 457-479.

SHIFFMAN, S. *et al.* (1993). "Prevenção de recaída em ex-fumantes: Uma abordagem de automanejo". *In:* MARLATT, G.A. e GORDON, J.R. (orgs.). *Prevenção de recaída: Estratégias de manutenção no tratamento de comportamentos adictivos.* Porto Alegre: Artmed, pp. 418-463.

SOUTO JR., J.V. e RIBEIRO, M.A. (2000). "Tabagismo: O perigoso hábito do fumo". Disponível em: www.tj.ce.gov.br

STRATEN, M. *et al.* (2001). "Tobacco use skin disease". *South Med. J.*, 34, pp. 621-634.

Sites

www.tj.ce.gov.br

www.falandoseriosobredrogras.org.br/cap1.htm

www.fumantes.com.br

www.cigarro.med.br

11
A DEPRESSÃO NA MULHER CARDIOPATA: ASPECTOS PSICOLÓGICOS

Maria José Camargo de Carvalho

Existe atualmente certo consenso sobre a necessidade de uma visão integrada e multidisciplinar para a compreensão dos fenômenos humanos relativos à saúde/doença, abarcando as dimensões biopsicossociais. Os estudos sobre depressão precisam se inserir nessa complexidade.

O diálogo entre campos do conhecimento tem-se ampliado, embora profissionais portadores de saberes e paradigmas diferentes nem sempre consigam, ainda, convivência complementar e mutuamente enriquecedora. O fundamental é que o pensar sobre um tema possa ser admitido como um recorte, necessário mas limitado, a respeito daquela realidade estudada, sem pretensão de esgotá-la.

Assim como exclusões, algumas superposições são inevitáveis: este é o caso quando nos referimos à depressão como comportamentos e sintomas manifestos e observáveis – campo da psicologia –, mas também como conjunto de motivações e significações inconscientes – campo de estudo da psicanálise. Além disso, a compreensão e o tratamento das depressões, quando patologias, também são campo da medicina, principalmente da psiquiatria, ocupada atualmente com estudos epidemiológicos e metaanálises, baseados em classificação diagnóstica dos transtornos mentais (apreensão que, por um lado, pode ser limitante e empobrecedora, se isolada; de outro ângulo menos crítico, amplia também o conhecimento fundamentado em grandes pesquisas sobre a incidência e o curso das doenças mentais, além de identificar o papel dos diferentes fatores de risco para elas).

A literatura descreve que, em relação à prevalência de depressão na população, segundo Kaplan e Sadock (1993), "o risco de depressão ao longo da vida é de 3 a 12% para os homens e de 20 a 26% para as mulheres". Na adolescência pesquisas revelaram "predomínio de quadros depressivos maiores em mulheres, semelhante ao que é descrito para a população adulta" (Menezes e Nascimento 2000). A partir da adolescência, as mulheres são, em média, duas vezes mais afetadas que os homens. A prevalência desigual entre os sexos é confirmada em diferentes idades (Baptista e Baptista 2001), além de ser válida também para os transtornos de ansiedade, cuja freqüência, na maioria dos estudos, é aproximadamente duas vezes maior em mulheres do que em homens (Gentil 1997). A associação entre ansiedade e depressão é controvertida, embora não raro sintomas até opostos se manifestem conjuntamente (Grinberg 1978; Andrade, Ramos e Cordás 1997).

Em relação à terceira idade, os dados são contraditórios: os sintomas depressivos são prevalentes sobre quadros de depressão maior, mas alguns estudos apresentam a hipótese, baseada em seus achados, de que o aumento da idade seja "um fator protetor contra a depressão" (Henderson *apud* Menezes e Nascimento 2000). Outro estudo, no entanto, observou em idosos que 11% de pacientes com insuficiência cardíaca, de ambos os sexos, atingiam os critérios para síndrome depressiva, comparados com 4,8% de pessoas com outras cardiopatias e 3,2% de pessoas sem doenças do coração (Turvey *et al.* 2002). Dados sobre essa mesma faixa etária apresentam a depressão como condição significantemente preditora de outros eventos cardíacos, um ano após infarto agudo do miocárdio, especialmente para pacientes acima dos 65 anos, em ambos os sexos (Shiotani *et al.* 2002). Alguns resultados a colocam também como preditora, após infarto do miocárdio, de outros eventos cardiovasculares, e, mesmo que clinicamente pouco significante, como fator de risco para aumento de mortalidade (Bush *et al.* 2001), além de fortemente associada a limitações físicas, queda em qualidade de vida e piora nos índices de saúde geral (Mayou *et al.* 2000; Lane *et al.* 2001; Marcuccio *et al.* 2003).

Deve ser considerado que os critérios diagnósticos podem estar sujeitos à diversidade de nomenclatura, à padronização imprecisa dos quadros nos sistemas classificatórios recentes – *DSM IV* e *CID-10* (criados justamente para uniformizá-los para pesquisas) –, e, por esses motivos, dados epidemiológicos nem sempre permitem comparações. Outro complicador é que o espectro da depressão é amplo, com grande variação na severidade dos sintomas (Kaplan e Sadock 1993; Baptista e Baptista 2001; *CID-10* 1993).

Discutem-se motivos para a acentuada diferença nas prevalências de depressão entre os gêneros: risco biológico (mudanças hormonais e fatores genéticos), fatores de risco ambientais, aos quais as mulheres são consideradas mais expostas, por aumento de eventos vitais adversos, declínio de fatores protetores de cunho psicossocial, tais como perda do suporte social (Menezes e Nascimento 2000), e até a hipótese de que os "homens esquecem mais freqüentemente episódios prévios de depressão, o que introduziria viés de informação nos resultados (...)" (Burvill *apud* Menezes e Nascimento 2000). O balanço das evidências aponta para influência maior dos fatores ambientais do que dos biológicos (Paykel 1991). Pesquisa brasileira de Almeida Filho *et al.* (*apud* Menezes e Nascimento 2000) verificou a relação entre depressão em mulheres e condição migratória e encontrou associação entre esses dois fatores com significância estatística, resultando em estimativa de risco 2,5 vezes maior de desenvolvimento de depressão entre mulheres migrantes do que entre não-migrantes. Esse aspecto ilustra quanto uma paciente do sexo feminino que busca ajuda médica nos grandes centros urbanos, em hospitais públicos, está sujeita à multiplicidade de fatores determinantes de uma condição depressiva.

Sonnenberg *et al.* (2000) verificaram a prevalência de depressão quase duas vezes mais alta para mulheres do que para homens, com idades variando de 55 a 85 anos. O padrão de sintomas foi muito semelhante para os dois sexos e houve pouca evidência para uma "típica depressão feminina", embora confirme a literatura, que atribui a preponderância feminina para depressão à exposição mais acentuada a fatores de risco. Quando se apresenta como depressão maior, evidencia-se uma desordem etiologicamente complexa e sua compreensão requer a consideração de ampla relação de fatores de risco de múltiplos domínios (Kendler *et al.* 2002).

Estudo sobre mulheres idosas examinou o potencial de impacto de emoções positivas, ou "vitalidade emocional" – o oposto de depressão –, sobre a incapacidade funcional na vida diária, efeito de doenças orgânicas e do envelhecimento. As conclusões apontaram que a vitalidade emocional – alto senso de domínio pessoal, sentir-se feliz e com poucos sintomas depressivos – tem efeito protetor contra declínio da saúde e novos eventos nocivos (Penninx *et al.* 2000).

Mulheres compreendem apenas pequena parcela na amostra de sujeitos com cardiopatias, em pesquisas dos mais diversos centros, e isto se deve principalmente às características da população acometida por doenças cardiovasculares, isto é, às diferentes prevalências dos problemas cardíacos entre os sexos. Isoladamente, elas são objeto de poucos estudos, mas os resultados apontam, nas mulheres, níveis mais altos de ansiedade e/ou depressão no pós-infarto, compatíveis com a ampla constatação dessa tendência como característica do gênero feminino e não apenas no contexto de doenças somáticas e/ou crônicas.

O comportamento tipo A em mulheres foi objeto de revisão por Baker *et al.* (1984) e seus achados confirmaram as descrições da literatura, além de correlacionarem positivamente as mulheres tipo A com numerosas manifestações de raiva e hostilidade, associadas à orientação para papéis masculinos. Nestes resultados, depressão e ansiedade variaram em função desses papéis e de posição de comando.

Em estudo sobre respostas emocionais de mulheres com doença isquêmica do coração, após alta hospitalar, o autor observou indicações de distresse emocional e a descrição das duas primeiras semanas pós-alta como as mais difíceis de serem enfrentadas (MacKenzie 1993).

Shuldham *et al.* (2001), ao observarem mulheres com estenose da válvula mitral e a influência de seus sintomas na vida diária, em comparação com voluntárias sem doença cardíaca, identificaram ansiedade, depressão e capacidade funcional. Nos resultados, constataram diferenças significantes entre os grupos nas três variáveis estudadas, com índices piores e mais altos para as cardiopatas com ansiedade e depressão, mas sem sintomas físicos.

Marcuccio *et al.* (2003) destacaram a estimativa de que 6,4 milhões de mulheres americanas têm atualmente diagnóstico de doença cardíaca e pouco se conhece a respeito das atitudes e experiências das mesmas. Entre as 204 mulheres desse estudo, 73% tiveram diagnóstico de doença arterial coronariana e o restante da amostra era de portadoras de outras doenças cardíacas. Foram encontrados uso de polimedicação e queixas das pacientes por terem se submetido a diversas intervenções, tanto diagnósticas quanto terapêuticas. Quase metade das mulheres era pouco consciente dos riscos da doença e, depois do diagnóstico, quase um quarto delas não procurou informação adicional ou opções de tratamento; embora referissem insatisfação com seu estado de saúde, muitas se diziam incapazes e sem vontade de promover as mudanças necessárias para um novo estilo de vida (60% dessas mulheres receberam serviços de reabilitação cardíaca após o diagnóstico ou o evento clínico). Os autores constataram que a doença cardíaca afetou simultaneamente muitos aspectos na vida das mulheres, e a insatisfação generalizada já poderia ser sintoma de depressão e ansiedade, assim como o reflexo da deficiência de apoio social.

Fatores de risco, co-morbidade: Causalidade reversa

Se considerarmos alguns fatores de risco para as doenças cardiovasculares, a observação simples e direta – amplamente confirmada em pesquisas – oferece a constatação do quanto a presença da mulher no mercado de trabalho e o estilo de vida atual têm aumentado a exposição do sexo feminino a doenças anteriormente "masculinas". Além de predisposição genética, obesidade, diabetes *mellitus*, acrescentam-se, com peso cada vez maior no universo feminino, dietas alimentares inadequadas, fatores estressantes, agudos e/ou crônicos (competição, hostilidade não expressa, ansiedade em níveis elevados etc.), tabagismo, como integrantes do novo estilo de vida da mulher que se inseriu no mercado (Baker *et al.* 1984; Campos 1992; Maciel 1994; Sonnenberg *et al.* 2000; Fridlund 2000).

Segundo Louzã Neto e Stoppe Jr. (1997), depressão e doença física podem estar associadas de diversos modos, sintetizando as possibilidades:

- *Depressão primária* – Que englobaria: 1) Depressão coexistindo com doença física; 2) Depressão com sintomas somáticos; ou 3) Depressão com doença física secundária, ou seja, doença física decorrente ou facilitada pela depressão.

- *Depressão secundária* – Compreendendo: 1) Depressão como reação emocional à doença física, também chamada de depressão reativa; 2) Depressão causada por doença física ou por medicação, cujo diagnóstico é síndrome orgânica de humor tipo depressivo.

A associação causal, complexa, entre depressão e cardiopatia tem sido amplamente discutida também na literatura nacional: a primeira pode ser encontrada, portanto, como fator desencadeante, fator de risco ou predisponente para a segunda ou também como conseqüência da doença física (Campos 1992; Oliveira e Da Luz 1992; Silva Filho *et al.* 1999; Romano 2001; Fornari e Furlanetto 2002). É plausível supor que, por causalidade reversa, a depressão provocaria eventos cardiovasculares que, por sua vez, poderiam provocar/acentuar depressão.

Encontra-se, ainda, na literatura, que: "A depressão tem sido identificada como fator de risco para a coronariopatia, o infarto agudo do miocárdio, o acidente vascular encefálico e para a mortalidade cardíaca" (Rosanski, Blumenthal e Kaplan 1999). Segundo critérios do *DSM III*, Cohen-Cole *et al.* (1993) encontraram entre cardiopatas a prevalência de depressão maior em aproximadamente 19% dos doentes. Em pacientes com doenças físicas, a depressão atinge entre 20 e 30% dos indivíduos, ao passo que em pacientes com câncer é o mais freqüente distúrbio secundário, afetando de 30 a 40% dos portadores (Menezes e Nascimento 2000).

Segundo Scalco (2000), "a co-morbidade com depressão, em pacientes com doenças crônicas (hipertensão, diabetes, cardiopatias), tem efeito adverso que afeta o nível de funcionamento e a qualidade de vida, dificultando o controle das doenças".

Dados recentes revelaram, por exemplo, que, em relação ao sexo, as pressões arteriais "são mais elevadas nos homens até os 45 anos e que, após essa idade, o número de mulheres hipertensas é maior do que o de homens" (*Heart and stroke statistical update* apud Brandão *et al.* 2003). É conhecido, desde o Estudo de Framingham, que os riscos de doença coronariana, de insuficiência cardíaca e de acidente vascular encefálico estão correlacionados com níveis elevados de pressão arterial. "Um retardamento de 10 a 15 anos na verificação da aterosclerose coronária e cerebral e suas seqüelas é visto nas mulheres, em comparação com os homens", mas a prevalência de infarto agudo do miocárdio praticamente iguala os sexos masculino e feminino após os 50 anos (Turato 1988), dado possivelmente facilitado ou associado à hipertensão arterial mais elevada, já que esta é, mesmo isolada, fator de risco para as principais doenças de importância epidemiológica (Brandão et al. 2003).

Mulheres de meia-idade com doença arterial coronariana foram avaliadas em estudo de caso-controle e comparadas com mulheres saudáveis para verificação do efeito do estresse conjugal ou do trabalho sobre os sintomas depressivos. As conclusões revelaram que os sintomas depressivos eram duas vezes mais freqüentes nas coronarianas e que o estresse conjugal (mas não o profissional) foi independentemente relacionado com sintomas depressivos; a partir de certo nível mais alto de depressão, haveria maiores conseqüências nas mulheres com estado de saúde precário (Balog et al. 2003).

Sobreviventes a infarto agudo do miocárdio foram investigadas no impacto da depressão sobre a mortalidade, um ano após o evento, em comparação com o sexo masculino. Os resultados apresentaram a depressão como fator de risco para morte nos dois gêneros e, quanto ao prognóstico, 8,3% das mulheres deprimidas morreram de causas cardíacas, em contraste com 2,7% das não-deprimidas. Nesse estudo, a depressão e seu impacto foram considerados como amplamente independentes de outros fatores de risco (Frasure-Smith et al. 1999). A investigação de correlatos clínicos de depressão encontrou, como preditores da mesma (nos 18 meses que se seguem ao infarto), na tentativa de identificação de pacientes de risco: complicações durante a hospitalização (*odds ratio*=2,14), prescrição de benzodiazepínicos (*odds ratio*=3,67), história de depressão (*odds ratio*= 3,0) e não ser capaz de parar de fumar (*odds ratio*=4,5). Características passíveis de simples observação clínica podem ter valor preditivo, segundo esses autores (Strik et al. 2001).

Diversos estudos longitudinais evidenciaram a alta prevalência de depressão no pós-infarto (Mayou et al. 2000; Fridlund 2000; Fornari e

Furlanetto 2002; Shiotani *et al*. 2002) e constataram também consideráveis problemas para diagnóstico e tratamento dessa condição: em um deles, 21,2% das mulheres preenchiam os critérios para depressão durante a hospitalização, 30% aos 6 meses e 33,9% aos 18 meses (Luutonen *et al*. 2002).

O problema da adesão ao tratamento tem sido contemplado com algum interesse, ainda insuficiente, mas aborda associação inequivocamente importante: pacientes com sintomas de depressão leve a moderada, ou com depressão maior/distimia, referiram menor adesão a regime de exercícios, dieta de baixa caloria etc., quatro meses após infarto. Os mais severamente acometidos por depressão descreveram descuido com a medicação e o uso da mesma com menor freqüência do que o prescrito (Ziegelstein *et al*. 2000). Essa abordagem é relevante para a compreensão da dinâmica e das conseqüências dos sintomas depressivos como risco para eventos subseqüentes e isso envolve o conhecimento sobre o papel desempenhado pelos sentimentos de culpa nas possibilidades, pouco ou muito contaminadas, de recuperação.

O infarto do miocárdio chamado de "infarto silencioso" incide com mais freqüência em mulheres (além de diabéticos e idosos) e de 15 a 20% dos casos são indolores e com sintomas que se confundem com os de outras doenças. Relacionada a esta, há outra questão, eminentemente psicológica e merecedora de mais estudo (envolvendo o uso dos mecanismos de defesa), que diz respeito à tendência para adiar a ida ao hospital e a busca por ajuda, quando se iniciam os sintomas de *angina pectoris* ou de infarto: mulheres não apresentaram adiamento significantemente mais longo do que os homens – 2.0 *vs* 2,5 horas, em média (Antman e Braunwald 1999; Zerwic *et al*. 2003) –, mas a demora para iniciar a abordagem clínica de um evento cardiovascular é sempre desaconselhável.

As cardiopatias na mulher têm sido estudadas em sua interface com a obstetrícia, já que, algumas vezes, determinam condições desfavoráveis e até contra-indicações para a gestação, quando a transformam em situações de alto risco, tanto para a cardiopata quanto para o concepto. A doença cardíaca constitui a principal causa não-obstétrica de morte materna no ciclo gravídico-puerperal (Avila 2001). As relações entre proteção cardiovascular e reposição hormonal no climatério também têm sido alvo de interesse para a medicina, sem que haja, até o momento, consenso pleno sobre essa indicação. O climatério, período que consiste na transição gradual da fase reprodutiva para a não-reprodutiva, pode abranger até mais de 30 anos (aproximadamente dos 40 anos até o final da vida), e é, também, fonte de complicações, alterações somatopsíquicas e sintomas depressivos: "Apesar da menopausa ser um fenômeno natural, sabe-se que, após sua eclosão, em geral, ocorrem sintomas desagradáveis e graves doenças (...) dentre elas a osteoporose e a doença cardiovascular" (Aldrighi et al. 2000). Em nosso meio há estudo sobre as repercussões emocionais dessa fase em mulheres cardiopatas (Rosa 2002a).

Outro aspecto que merece destaque, referente ao contexto ambiental, é a freqüência mais elevada de depressão em pacientes hospitalizados do que nas populações ambulatoriais, possivelmente pela gravidade do estado clínico e pela perda de alguns referenciais de identidade promovidos pela internação. Nas instituições hospitalares, um terço dos pacientes relatam sintomas moderados, ao passo que 11% sofrem de um episódio depressivo maior. De acordo com Menezes e Nascimento (2000), o reconhecimento e o tratamento da depressão que acompanha doenças somáticas podem melhorar a qualidade de vida das pessoas acometidas pelos mais diversos problemas de saúde.

A indicação de cirurgia cardíaca é outra fonte de experiências estressantes, e a operação, em si mesma, pode ser motivo para desorganizações em graus variados. Tanto no pré quanto no pós-operatório imediato, os níveis de ansiedade persecutória e depressiva são elevados, seja ou não utilizada a circulação extracorpórea (Oliveira e Da Luz 1992; Carvalho 2000). Nesses contextos citados, e em outros que não serão abordados neste espaço, é fácil visualizar quanto a mulher portadora de cardiopatias variadas está exposta a vivências de ameaça real à sua integridade, acompanhadas de experiências depressivas, com mais variação na severidade dessas manifestações do que na dúvida sobre a presença das mesmas.

O significativo aumento da expectativa de vida obtido pelos progressos da ciência tem, portanto, junto com os benefícios, traduzido mudanças que levam as mulheres a conhecer novas possibilidades: por exemplo, o binômio gravidez + cardiopatias, a cada década mais comum, já que permite que um número cada vez maior de mulheres portadoras de cardiopatias chegue à idade fértil e engravide. A prevalência de cardiopatias na gravidez inclui, com riscos variados para mortalidade, os quadros de valvopatias, cardiopatias congênitas e doença hipertensiva. A gravidez – ou sua interdição, relativa ou absoluta – é ocasião geradora de conflitos para a mulher e para o casal; recomenda-se o planejamento familiar para algumas cardiopatias. Outras conquistas da medicina referem-se ao envelhecimento avançado – próximo dos 80 anos – e, com isso, à convivência mais longa e freqüente com doenças crônicas, e, não raramente, com comorbidades, polimedicamentos etc.

A conexão e o valor das questões psicológicas no processo do adoecimento orgânico – psicologia da saúde – têm sido reconhecidos pela medicina tradicional e avaliações conjuntas de um paciente precisariam se tornar rotina nas instituições (Ismael 1992). A psicologia hospitalar e, com destaque, a psicologia aplicada à cardiologia têm contribuído publicando com freqüência discussões sobre a associação "psico-cardio" (Giannotti 1996; Ismael 1992; Oliveira e Da Luz 1992; Rosa 2002a; Romano 2001). Predominam estudos com observações clínicas, mais do que desenhos de pesquisa quantificada, em virtude, possivelmente, da inserção recente da área nas instituições de saúde e das dificuldades metodológicas inerentes à mensuração no contexto hospitalar.

Depressão, doença e subjetividade: O singular e o coletivo

As características do psiquismo humano e, mais especificamente, da subjetividade costumam ser evidenciadas nas experiências emocionais, fenômenos com expressões somáticas, psíquicas, comportamentais, em níveis conscientes e inconscientes, paralelos e simultâneos. O universo mental é mais amplo e muito mais complexo do que o funcionamento emocional consciente e, simplificadamente, algumas doenças físicas são, na concepção psicanalítica, expressões de conflitos inconscientes, incapazes/ impedidos de elaboração no plano mental, e, por isso, "escoam" pela via somática. O quadro descrito por P. Marty como "depressão essencial" tem sido merecedor de debates e citações, assim como as contribuições de P. Aulagnier a respeito dos processos fundamentais do desenvolvimento humano (Volich 2000). Há autores que incluem no rol de doenças psicossomáticas alguns tipos de problemas cardiovasculares quando considerados linguagem e, portanto, contendo significações primitivas, ou, para alguns, até "vazios de significação"; o adoecer pode ser visto, por outros, também como estratégias de enfrentamento ou *coping* (McDougall 1983; Ogden 1989; Campos 1992; Volich 2000).

Desde 1940, descreve Volich (2000), "é conhecido o aumento da incidência de patologias somáticas entre pessoas que apresentam estados depressivos (...)" e a partir de 1970 a influência de fatores psicossociais e emocionais sobre o funcionamento imunológico "tem sido pesquisada e permitido a identificação dos anticorpos IgE, IgM, IgA e células T, B, NK, considerados interface entre os sistemas nervoso, hormonal e de defesa do organismo". No entanto, mesmo pesquisadores empenhados em neuropsicoimunologia admitem a insuficiência atual do conhecimento para explicar relações causais ou para refazer o trajeto desse nível celular para a compreensão das reações globais de um organismo. A dimensão biológica e, nela, a celular (anatômica, fisiológica etc.) são o substrato para qualquer vivência, embora o psiquismo humano transcenda a explicação da biologia, por ter desenvolvido, ao longo do tempo, sua complexa possibilidade em rede de representações simbólicas e significações individuais, coletivas etc. Esses avanços na ciência experimental contribuem para a compreensão de algumas doenças, mas, na visão de Martins, por exemplo, "essas descobertas não vão conseguir explicar o comportamento humano e o adoecer e, na verdade, a medicina do século XXI não vai ser só a medicina da biologia molecular: ela será a *medicina da multicausalidade e do diálogo entre todas as áreas* – medicina, pesquisa básica, psicologia, antropologia" (Martins *apud* Volich 2000, p. 107).

Mesmo com a obtenção de prevalência importante, ainda é plausível presumir que os quadros depressivos sejam subdiagnosticados quando associados à doença física. Se o contexto é de consulta médica, os pacientes tendem a valorizar as queixas específicas somáticas e tomam, assim como a classe médica, a condição clínica de um estado mental como parte "natural" da doença física (Silva Filho *et al.* 1999; Menezes e Nascimento 2000; Fráguas Jr. 2000).

Em outro extremo, a contrapartida do subdiagnóstico seria a "naturalização" ou, até, a banalização do diagnóstico de depressão, sua redução ao bioquímico, e, com isso, a tendência atual para abordá-la exclusivamente com medicação, o que pode ser um equívoco com conseqüências empobrecedoras para o desenvolvimento psíquico de uma pessoa. Incidência, prevalência, freqüência de sintomas etc. são ferramentas que, dependendo do uso que se faça delas, serviriam para alguma compreensão do coletivo, mas não para operar clinicamente a subjetividade e, nela, a questão depressiva. A dinâmica da depressão e a compreensão do sofrimento (com intervenção na dimensão psíquica) exigem a inclusão de dimensões humanas que, como sabem os médicos por observação diária, ultrapassam a prescrição de medicação. Segundo Bolguese (2003), referindo-se às classificações nosográficas da psiquiatria e à "solução medicamentosa", "O principal problema reside no fato de que estes instrumentos que visam, por um lado, à libertação dos sujeitos, podem se converter em meios de manipulação ideológica quando se colocam a serviço da adaptação pura e simplesmente". E, "(...) Hoje, tudo é depressão. E, se tudo é depressão, a depressão não é nada" (*ibid.*, p. 3). A autora continua suas considerações, afirmando: "É notório que a sociedade moderna se flagra perdida e imersa no mal-estar do homem, porém facilmente o explica e o define como depressão, uma problemática intrapsíquica, de natureza orgânica e de responsabilidade individual" (*ibid.*, p. 12). E ainda: "(...) É preciso salientar o mal-estar na civilização como o mal-estar dos sujeitos, que, através de seus sintomas, de suas reações subjetivas, também questionam a lógica totalizante" (Bolguese 2003). Quando eclode uma doença em órgão vital e fortemente significado, como é o caso de "adoecer do coração", dificilmente o indivíduo deixará de examinar sua história, de questionar sua vida, o que significa reavaliar-se (na própria doença e na reflexão decorrente dela), ou seja, saber-se singular, incompleto e finito, "como se sabe perfeitamente, a dor e a morte não são elimináveis da existência humana, pois somos de fato e de direito seres finitos e mortais, por mais que já se realizem agora projetos concretos de prolongamento da vida (...)" (Birman 2002). A medicalização e/ou medicação dessa depressividade humana podem, quando exclusivas ou excessivas, dificultar o questionamento necessário, transformador.

Conceitos, sintomas e psicodinâmica das depressões

Como estado mental que acompanha as doenças somáticas, os quadros depressivos também podem se apresentar com variação na sintomatologia, na gravidade, no curso e no prognóstico, mas sempre tendo em comum o humor depressivo e o sentimento de desesperança (Stoppe Jr. e Lousã Neto 1999).

Segundo Stoppe Jr. e Lousã Neto (*ibid.*), ainda não há concordância completa quando se discutem os conceitos e a definição dos transtornos de humor (ou afeto) segundo os códigos de diagnóstico psiquiátrico (*DSM IV* e *CID 10*); e parâmetros como velocidade dos processos psíquicos e alterações na amplitude do campo vivencial são preferidos por alguns autores, em vez de "afeto", na medida em que este não é função psíquica, mas apenas qualidade das experiências do indivíduo.

Depressão tem sido um termo utilizado, na literatura, em três diferentes modalidades:

1) Psiquiatria, referido à sintoma.
2) Psiquiatria, referido à síndrome, a partir do conjunto de sintomas.
3) Diferentes significados em vários campos científicos, em geral com sentido de diminuição (por exemplo, em farmacologia, refere-se ao efeito de drogas que diminuem a atividade de um órgão).

Se agruparmos diversas considerações conceituais, as concordâncias ou, pelo menos, as aproximações, referem-se aos seguintes aspectos: depressões incluem condição acompanhada de tristeza, desânimo, perda do interesse e da capacidade de sentir prazer, insônia, irritabilidade, inibições e sofrimento moral, sentimentos de culpa, lentificação dos processos psíquicos com algum grau de prejuízo cognitivo, psicomotor, psicofisiológico, relacional e/ou no campo vivencial (Freud 1973a; Bleichmar 1983; Stoppe Jr. e Lousã Neto 1999; Fráguas Jr. 2000; Delouya 2001).

Em depoimento de G.H. Perez (*Jornal Socesp* 2003), encontra-se: "os sintomas que mais se destacam, na depressão, podem, eventualmente, ser somáticos e até semelhantes aos sintomas de algumas cardiopatias: cansaço, lentidão psicomotora, perda de apetite e emagrecimento; na doença arterial coronariana é mais freqüente a depressão em sua forma atípica, cujos sintomas se caracterizam por irritabilidade, hiperfagia e hipersonia ao invés de perda de apetite e insônia, respectivamente" (Fraguás Jr. 2000).

Quanto às dicotomias que as classificações arrolam, a mais importante destaca o caráter freqüentemente bipolar da afetividade perturbada, o que pode provocar, no mesmo paciente, alternância de fases de mania e de depressão. Além desta, os conceitos de depressão secundária ou, em outra nomenclatura, depressão reativa, são de interesse neste contexto pois permitem o diagnóstico diferencial valorizando aspectos etiológicos: são termos que se referem a sintomas depressivos ou a um quadro de depressão associados e subseqüentes à doença física. De acordo com Lopez-Ibor *et al.* (*apud* Stoppe Jr. e Lousã Neto 1999), nessa situação clínica, dos elementos diagnósticos fazem parte: associação temporal entre o início da doença física e o início do transtorno depressivo, a melhora da primeira acompanha-se de melhora nos sintomas depressivos, curso atípico, desproporção entre os achados clínicos da depressão, assim como associações há muito conhecidas pela literatura, por exemplo, depressão que se segue ao hipotireoidismo. Nesses casos, o quadro, por critério temporal relativamente arbitrário na *CID 10*, pode ser chamado depressão reativa breve (se durar até um mês) ou prolongada (com duração máxima de dois anos) e não tem a gravidade que o classificaria como depressão maior (Stoppe Jr. e Lousa Neto 1999).

Acrescente-se aos três usos já mencionados, que há diferença fenomenológica, conceitual e de grande importância entre estados e vivências depressivos, parte do cotidiano de todos os indivíduos, e os quadros de depressão tais como definidos em psicopatologia e/ou nosografias psiquiátrica/psicanalítica. Os estados depressivos ou mesmo a depressão como co-morbidade (na forma de sintomas a serem "desconstruídos", ou como síndromes com severidade variada) são fenômenos que podem estar presentes, de acordo com a concepção psicanalítica, em qualquer quadro clínico, nas estruturas psíquicas neuróticas, psicóticas ou perversas. A configuração, no universo mental, em torno de "estruturas de sentido", articuladas ao complexo de castração, não atribui um estatuto nosológico especial à depressão, mas sim a coloca como experiência possível, como expressão de saúde e/ou de doença. No modelo freudiano, segundo Delouya (2001, p. 23), "Pois se a depressão expressa o efeito econômico de subtração ou compressão libidinal, ensurdecendo o sentido do viver – sua malha representativa e afetiva –, ela nos indica que esta mesma dimensão subentende e condiciona aquilo que é psíquico".

Em Grinberg (1978, p. 69), encontra-se que "é relativamente comum que os sentimentos de angústia, depressão e culpa se confundam entre si. Pode ocorrer que, em determinadas circunstâncias, coexistam no mesmo indivíduo". Seriam, segundo este autor, expressões de conflito da personalidade, reações básicas do ego, mas com *conteúdos diametralmente opostos*: "angústia, como reação frente ao perigo, expressa o desejo de sobreviver, preparo para luta ou fuga". Para esse conceito, a literatura psiquiátrica tem preferido o termo "ansiedade", com essa conotação de expectativa e, quase sempre, acompanhada de sintomas físicos; parte da literatura psicanalítica prefere utilizar o sinônimo "angústia", centrado na conotação de sofrimento (Hanns 1996). Na depressão dá-se o oposto: "(...) o Ego se encontra paralisado porque se sente incapaz de enfrentar-se com o perigo" e, às vezes, o desejo que a acompanha é o de morrer em virtude da impotência para superar o risco; manifesta-se por apatia, tristeza, decaimento moral e físico, desesperança. Caracterizada pelo sentimento de culpa (segundo Grinberg, sua causa e seu sintoma fundamental), a depressão "(...) provém de ataques reais ou fantasiados realizados pelo Ego contra os demais". Baseado em Klein (1978a), este autor destaca a possibilidade de compreensão clínica dos fenômenos psíquicos com a concepção de posição depressiva, referente a um estado mental transitório e dialeticamente articulado com sua contrapartida, a posição esquizoparanóide (Klein 1978b). A posição depressiva, como organização que inclui crescente integração no estado de ego (no início da vida, fragmentado), é configuração mental que significa um salto qualitativo nos processos psíquicos porque, de acordo com Klein, na medida em que o amadurecimento do bebê permite a visão total do objeto primário (mãe), a relação que mantém com o mesmo e com todo o restante da realidade, inclusive a sua própria, interna (a chamada "realidade psíquica"), será enriquecida por: admissão da própria agressividade, perda de onipotência, isto é, pela aquisição de sua percepção da condição verdadeiramente (e sofridamente) humana, culpa, tristeza, gratidão etc. A condição de humanidade do bebê – e a nossa – viria, então, do conhecimento de limites e de limitações, inclusive sobre a finitude da vida (a castração simbólica, dada psiquicamente pelas experiências de perdas/separações de um outro que, agora, desperta preocupação e amor). As dores que acompanham essas mudanças, esse crescimento mental, Klein chamou de estado depressivo, reativado sempre que somos levados a constatações penosas de que não somos onipotentes, por exemplo, a dor – também mas não apenas narcísica – que cada ser humano experimenta quando adoece.

A mulher cardiopata, perante o diagnóstico de cardiopatia, tem, sem dúvida, motivos objetivos para deprimir-se: perdas variadas, já que se torna portadora de doença grave, mesmo que passível de controle por meio de tratamentos clínicos e/ou cirúrgicos, mas sempre com muitas intervenções, às vezes altamente invasivas. Se a doença é congênita, irá atingi-la desde cedo e todo o seu desenvolvimento afetivo-relacional poderá ficar comprometido (Giannotti 1996). Na adolescência, transformação radical na identidade – o corpo em relação com o espaço, o tempo e o outro – coloca a portadora de cardiopatia em contato com esquema e imagem corporais em mutação e, com freqüência, com auto-imagem e auto-estima rebaixadas em decorrência da doença. A necessidade de intervenção radical, como um transplante, indicado em geral para miocardiopatias graves, pode fazer desse momento evolutivo situação de extrema exigência para a paciente e família. Diante desse procedimento, a principal preocupação das mulheres costuma ser o risco de rejeição, e possivelmente haja diferenças na tarefa de incorporação do enxerto em função do sexo do paciente, segundo pesquisa de Pereira *et al.* (2002). Sintomas depressivos são comuns na adolescente transplantada, mesmo que objetivamente possa ter uma vida comum: sente-se diferente dos amigos, obrigada a levar uma vida quase paralela – consultas, remédios, internações ocasionais –, que prefere manter "meio secreta", restrita à família. Observa-se que, nesse contexto, os sinais de depressão se manifestam como irritabilidade, negativismo, superexigências, como se fosse necessária uma "indenização" pela diferença, para apaziguar as frustrações causadas pela doença precoce.

Se a cardiopatia incide ou é detectada na mulher jovem e adulta (caso de algumas valvopatias), outras questões objetivas se tornam fonte de estresse: troca e retroca de válvulas, ajustes difíceis, repercussões na vida familiar, com perda de papéis recém-conquistados ou ainda nem solidificados – como esposa, profissional –, ou então a difícil decisão sobre maternidade com risco e planejamento familiar, situações nem sempre elaboradas pela cardiopata ou pelo casal. Quando adulta na meia-idade, a mulher, numericamente aumentando as estatísticas médicas como portadora de doença arterial coronariana, poderá se deparar com eventos clínicos que irão exigir intervenções para revascularização, colocando-a diante da possibilidade de morte. Se idosa, a cardiopata pode se deprimir por algumas inevitáveis perdas decorrentes do envelhecer, envolvendo declínio na capacidade funcional, e a isso se superpõem dificuldades causadas pela doença. Os lutos são, portanto, freqüentes, intensos e, às vezes, em função da qualidade de sofrimento que aquela subjetividade irá atribuir a eles, terão caráter de luto patológico.

O adoecer, agudo ou crônico, envolve a mente do ser humano em toda a sua complexidade – emocional, cognitiva, existencial. Adoecer do coração pode lançar uma pessoa na experiência mais primitiva de desamparo e, com isso, em risco de colapso. Pode, ao contrário, colocá-la em contato com a depressão, não como estado idealizado, mas como experiência de saúde e criadora de sentidos, como parte normal do processo de amadurecimento (essa depressividade, associada à capacidade de estar só, à capacidade de preocupar-se, é crescimento, expansão do *self* e da saúde mental). Entendido como conquista, o deprimir-se, tal como estado mental descrito por Klein (1978a), Winnicott (1975), Bion (1974), Joseph (1992) e Steiner (1994), decorrente de integração psíquica, aumenta a responsabilidade e o sentido do viver, enriquecendo-o, pois seria indicativa, essa "depressão saudável", de unidade e capacidade de preocupação (Abram 2000).

Segundo Fédida (2002, p. 97), "Na psicoterapia dos estados deprimidos não se poderia dizer que os mortos são exumados. O que conta é a construção e a nominação desse lugar. (...) Pode-se afirmar que a cura (...) encontra-se na reaquisição de uma capacidade depressiva, ou seja, das potencialidades da vida psíquica (a subjetividade dos tempos, a interioridade, a regulação das excitações".

A subjetividade, combinação da história que também inclui o presente de cada pessoa, pode predispor ao adoecimento total e exacerbar a interpretação melancólica da vida em sua dimensão de falta, levando a depressões graves, que exijam tratamento conjunto, multidisciplinar. A ordem médica, quando opta por recusar toda subjetividade, contribuiria para instalar depressões, em vez de debelá-las. Ou então, em condições mais favoráveis, os estados de depressividade que acompanham o adoecer, quando reconhecidos em seu valor psíquico, podem resultar em integração e em recomposição da subjetividade anteriormente cindida e desfeita. Aí residiria a importância intrínseca do deprimir-se.

Bibliografia

ABRAM, J. (2000). *A linguagem de Winnicott*. Rio de Janeiro: Revinter.

ALDRIGHI, J.M. *et al.* (2000). "Evidências recentes da terapia de reposição hormonal no climatério". *Diagnóstico & Tratamento*, 5(3), pp. 49-54.

ANDRADE, L.H.S.G.; RAMOS, R.T. e CORDÁS, T.A. (1997). "Relação entre ansiedade e depressão: Co-morbidade e transtorno misto ansioso e depressivo". *In*: GENTIL,V.; LOTUFO-NETO, Fr. e BERNICK, M.A. (orgs.). *Pânico, fobias e obsessões: A experiência do projeto Amban*. São Paulo: Edusp.

ANTMANN, E.M. e BRAUNWALD, E. (1999). "Infarto agudo do miocárdio". *Tratado de medicina cardiovascular*. S.l.: ASP.

ÁVILA, W.S. (2001). "Seguimento clínico da gestante cardiopata". *Rev. Soc. Cardiol. Estado de São Paulo*, 11(1), jan./fev.

BALOG, P. *et al.* (2003). "Depressive symptoms in relation to marital and work stress in women with and without coronary heart disease: The stockolm female coronary risk study". *J. Psychosom. Res.*, 54(2), pp. 113-119, fev.

BAKER, L.J. *et al.* (1984). "Type A behavior in women: A review". *Health Psychol.*, 3(5), pp. 477-497.

BAPTISTA, N.M. e BAPTISTA, A.S. (2001). "Fatores de risco na depressão de adolescentes". *Psic., Ciência e Profissão*, 21(2), pp. 52-61.

BION, W.R. (1974). *Conferências brasileiras*. São Paulo: Imago.

BIRMAN, J. (2002). "Relançando os dados: A psicopatologia na pós-modernidade, novamente". *In*: VIOLANTE, M.L.V. (org.). *O (im)possível diálogo psicanálise psiquiatria*. São Paulo: Via Lettera.

BLEICHMAR, H. (1983). *Depressão: Um estudo psicanalítico*. Porto Alegre: Artmed.

BOLGUESE, M.S.M. (2003). "Depressão e doença nervosa moderna". Tese de doutorado em Psicologia Social. São Paulo: PUC.

BRANDÃO, A.P. *et al.* (2003). "Epidemiologia da hipertensão arterial". *Rev. Soc. Cardiol. Estado de São Paulo*, 13(1), pp. 7-19, jan/fev.

BUSH, D. *et al.* (2001). "Even minimal symptoms of depression increase mortality risk after acute myocardial infarction". *Am. J. Cardiol.*, 88(4), pp. 337-341, ago.

CAMPOS, E.P. (1992). "Aspectos psicossomáticos em cardiologia". *In*: MELLO FILHO, J. *et al. Psicossomática hoje*. Porto Alegre: Artmed.

CARVALHO, M.J.C. (2000). "Estudo duplo cego e prospectivo da ansiedade no pré e pós-operatório imediato de revascularização do miocárdio com e sem circulação extracorpórea". Dissertação de mestrado. São Paulo: Unifesp.

CLASSIFICAÇÃO DE TRANSTORNOS MENTAIS E DE COMPORTAMENTO DA CID-10 (1993). Porto Alegre: Artmed.

COHEN-COLE, S. *et al.* (1993). A*ssessment of depression and grief reactions in the medically ill, in psychiatric care of the medical patient.* Nova York: Oxford University.

DELOUYA, D. (2001). *Depressão*. São Paulo: Casa do Psicólogo. (Col. Clínica Psicanalítica)

FÉDIDA, P. (2002). *Dos benefícios da depressão: Elogio da psicoterapia*. São Paulo: Escuta.

FORNARI, L. e FURLANETTO, L. (2002). "Freqüência de sintomas depressivos em pacientes com história de infarto do miocárdio". *J. Bras. Psiquiatr.,* 51(6), pp. 1.385-1.390, nov./dez.

FRÁGUAS JR., R. (2000). "Depressão no contexto médico". *In*: LAFER, B. *et al. Depressão no ciclo da vida*. Porto Alegre: Artmed.

FRASURE-SMITH, N. *et al.* (1999). "Gender, depression and one-year prognosis after myocardial infarction". *Psychosom. Med.,* 61(1), pp. 26-37, jan./fev.

FREUD, S. (1973a). "Duelo y melancolia". *Obras completas,* tomo II. Madri: B. Nueva.

_____ (1973b). "El malestar en la cultura". *Obras completas,* tomo III. Madri: B. Nueva.

FRIDLUND, B. (2000). "Self-rated health in women after their first myocardial infarction: A 12-month comparison between participation and nonparticipation in a cardiac rehabilitation programme". *Health Care Women Int.*, 21(8), pp. 727-738, dez.

GENTIL, V. (1997). "Ansiedade e transtornos ansiosos". *In*: GENTIL, V.; LOTUFO-NETO, F. e BERNIK, M.A. (orgs.). *Pânico, fobias e obsessões: A experiência do projeto Amban*. São Paulo: Edusp.

GIANNOTTI, A. (1996). *Efeitos psicológicos das cardiopatias congênitas: Psicologia em instituições médicas*. São Paulo: Lemos.

GRINBERG, L. (1978). *Culpa y depression: Estudio psicoanalítico*. Buenos Aires: Paidós.

HANNS, L.A. (1996). *Dicionário comentado do alemão de Freud*. Rio de Janeiro: Imago.

ISMAEL, S.M.C. (1992). "Reflexões sobre psicologia e cardiologia". *Rev. Socesp*, 2, p. 5.

JORNAL SOCESP (2003). Ano VII, nº 1, jan./fev.

JOSEPH, B. (1992). "Em direção à experiência de dor psíquica". *In:* FELDMAN, M. e SPILLIUS, E.B. (orgs.). *Equilíbrio e mudança psíquica.* Rio de Janeiro: Imago.

KAPLAN, H. e SADOCK, B.J. (1993). *Compêndio de psiquiatria.* Porto Alegre: Artmed.

KENDLER, K.S.; GARDNER, C.O. e PRESCOTT, C.A. (2002). "Toward a comprehensive developmental model for major depression in women". *Am. J. Psychiatry*, 159(7), pp. 1.133-1.145, jul.

KLEIN, M. (1978a) "Una contribuición a la psicogénesis de los estados maníaco-depressivos". *In:* KLEIN, M. *Obras completas.* Buenos Aires: Paidós-Horme, p. 253.

_____ (1978b). "Nota sobre algunos mecanismos esquizóides". *In:* KLEIN, M. *Obras completas,* cap. IX. Buenos Aires: Paidós-Horme, p. 255.

LANE, D. *et al.* (2001). "Mortality and quality of life 12 months after myocardial infarction: Effects of depression and anxiety". *Psychosom. Med.*, 63(2), pp. 221-230, mar./abr.

LAFER, B. *et al.* (2000). *Depressão no ciclo da vida.* Porto Alegre: Artmed.

LOUZÃ NETO, M. e STOPPE JR., A. (1997). "Depressão e doença física no idoso: Modos de associação". *I Simpósio Internacional Depressões Secundárias*, seção de pôsteres. São Paulo: IP/FMUSP, p. 107, out.

LUUTONEN, S. *et al.* (2002). "Inadequate treatment of depression after myocardial infarction". *Acta Psychiatr. Scand.*, 106(6), pp. 434-439, dez.

MAC DOUGALL, J. (1983). *Em defesa de uma certa anormalidade: Teoria e clínica psicanalítica.* Porto Alegre: Artmed.

MACIEL, C.L.C. (1994). "Emoção, doença e cultura: O caso da hipertensão essencial". *In:* ROMANO, B.W. (org.). *A prática da psicologia nos hospitais.* São Paulo: Pioneira.

MACKENZIE, G. (1993). "Role patterns and emocional responses of women with ischemic heart disease 4 to 6 weeks after discharge from hospital". *Can. J. Cardiovasc.*, 4(2), pp. 9-15.

MARCUCCIO, E. *et al.* (2003). "A survey of attitudes and experiences of women with heart disease". *Women Health Issues*, 13(1), pp. 23-31, jan./fev.

MAYOU, R.A. *et al.* (2000). "Depression and anxiety as predictors of outcome after myocardial infarction". *Psychosom. Med.*, 62(2), pp. 212-219, mar./abr.

MENEZES, L.C. (2002). "As depressões: A psicanálise em questão?". *In:* VIOLANTE, M.M.L.V. (org.). *O (im)possível diálogo psicanálise psiquiatria.* São Paulo: Via Lettera.

MENEZES, P.R. e NASCIMENTO, A.F. (2000). "Epidemiologia da depressão nas diversas fases da vida". *In:* LAFER, B. *et al.* (orgs.). *Depressão no ciclo da vida.* Porto Alegre: Artmed.

OGDEN, T. (1989). *La matrix de la mente: Las relaciones de objeto y el diálogo psicoanalítico.* Madri: Tecnipublicaciones.

_____ (1996). *Os sujeitos da psicanálise.* São Paulo: Casa do Psicólogo.

OLIVEIRA, M.F.P. e DA LUZ, P.L. (1992). "O impacto da cirurgia cardíaca". *In:* MELLO FILHO, J. *et al. Psicossomática hoje.* Porto Alegre: Artmed.

PARKES, C.M. (1998). *Luto: Estudos sobre a perda na vida adulta.* São Paulo: Summus.

PAYKEL, E. (1991). "Depression in women". *B.J. Psychiatry*, 158, supl., pp. 22-29.

PENNINX, B.B.B.W. *et al.* (2000). "The protective effect of emotional vitality on adverse health outcomes in disabled older women". *J.A. Geriatrics S.,* 48, pp. 1.359-1.366.

PEREIRA, A.A.M.; ROSA, J.T. e HADDAD, N. (2002). "Dificuldades psicológicas para o processo de incorporação do coração transplantado: Repercussões sobre a vinculação do paciente ao programa de transplante cardíaco". *Rev. Soc. Cardiol. Estado São Paulo*, 12(2), supl. A, mar./abr.

ROMANO, B.W. (2001). *Psicologia e cardiologia: Encontros possíveis.* São Paulo: Casa do Psicólogo.

ROSA, D.P. (2002a). "Repercussões emocionais do climatério em mulheres cardiopatas". *Rev. Soc. Cardiol. Estado São Paulo*, 12(3), supl. A, maio/jun.

_____ (2002b). "Aspectos emocionais do paciente hipertenso: Uma revisão". *Rev. Soc. Cardiol. Estado São Paulo*, 12(6), supl. A, nov./dez.

ROSANSKI, A.; BLUMENTHAL, J.Á. e KAPLAN, J. (1999). "Impact of psychological factors on the pathogenesis of cardiovascular disease and implications for therapy". *Circulation*, 99, pp. 2.192-2.217.

SCALCO, M.Z. (2000). "Manejo da depressão em idosos hipertensos". *Psiq. Prat. Med.,* 33(1), pp. 20-23.

SHIOTANI, I. *et al.* (2002). "Depressive symptoms predict 12 month prognosis in elderly patients with acute myocardial infarction". *J. Cardiovasc. Risk,* 9(3), pp. 153-160, jun.

SHULDHAM, C. *et al.* (2001). "Anxiety, depression and functional capacity in older women with mitral valve stenosis". *Int. J. Nurs. Pract.*, 7(5), pp. 322-328, out.

SILVA FILHO, H.C. *et al.* (1999). "Depressão após infarto do miocárdio". *J. Bras. Psiquiatr.*, 48(4), pp. 163-167, abr.

SONNENBERG, C.M. *et al.* (2000). "Sex differences in late-life depression". *Acta Psychiatr. Scand.*, 101, pp. 286-292.

STEINER, J. (1994). "O equilíbrio entre as posições esquizoparanóide e depressiva". In: ANDERSON, R. (org.). Conferências clínicas sobre Klein e Bion. Rio de Janeiro: Imago.

STOPPE JR., A. e LOUZÃ NETO, M. (1999). Depressão na terceira idade: Apresentação clínica. Abordagem terapêutica. São Paulo: Lemos.

STRIK, J.J. et al. (2001). "Clinical correlates of depression following myocardial infarction". Int. J. Psychiatry Med., 31(3), pp. 255-264.

TURATO, E.R. (1988). "Infarto do miocárdio: Histórias de vida e opiniões de pacientes". Tese de doutorado. Campinas: FCM/Unicamp.

TURVEY, C.L. et al. (2002). "Prevalence and correlates of depressive symptoms in a community sample of people suffering from heart failure". J. Am. Geriatr. Soc., 50(12), pp. 2.003-2.008, dez.

VIOLANTE, M.L.V. (2002). "Psicanálise e psiquiatria: Campos convergentes ou divergentes?". In: VIOLANTE, M.L.V. et al. (orgs). O (im)possível diálogo psicanálise psiquiatria. São Paulo: Via Lettera.

VOLICH, R.M. (2000). Psicossomática. São Paulo: Casa do Psicólogo. (Col. Clínica Psicanalítica)

WINNICOTT, D.W. (1975). O brincar e a realidade. Rio de Janeiro: Imago.

ZERWIC, J.J. et al. (2003). "Treatment seeking for acute myocardial infarction symptoms: Differences in delay across sex and race". Nurs. Res., 52(3), pp. 159-167, maio/jun.

ZIEGELSTEIN, R.C. et al. (2000). "Patients with depression are less likely to follow recommendations to reduce cardiac risk during recovery from a myocardial infarction". Arch. Intern. Med., 160(12), pp. 1.818-1.823, jun.

12
REPERCUSSÕES DA CIRURGIA CARDÍACA NA IMAGEM CORPORAL FEMININA

Sandra Vieira Cardoso

> *Bastava-lhe observar o retrato com um prazer imenso. Ele podia assim explorar as rugas escondidas de sua alma. Era como um espelho mágico. Revelava-lhe a imagem do corpo, mostrando-lhe também sua alma.*
>
> Oscar Wilde (1989)

Durante o transcorrer da vida, o ser humano forma sua identidade. Um dos principais traços que se impõem como configuração da identidade é a imagem corporal. Esta vai se revelando durante as fases de desenvolvimento físico e psíquico.

A imagem corporal começa a se estruturar na mais tenra idade, por meio da relação mãe x bebê, e conseqüentemente sofre transformações nas fases desse desenvolvimento e de acordo com as experiências subjetivas de cada um. A noção do corpo é essencial para a consolidação da identidade do indivíduo.

O narcisismo, conceito psicanalítico, também está associado à questão de imagem, e esta, por sua vez, à noção de identidade, sendo um dos temas centrais que norteiam nossa sociedade e os valores culturais atuais. Freud (1974a) considera essencialmente os investimentos libidinais no próprio corpo como a base do narcisismo.

Pelo fato de o narcisismo ser visto como fator constituinte da personalidade, a maneira como ele é vivido por cada indivíduo implicará tanto a estruturação egóica, como a formação de sintomas corpóreos.

A imagem corporal é o primeiro esboço sobre o qual irão se compor posteriormente as identificações constitutivas de personalidade, sendo que o elemento social é um dos fundamentos na construção da imagem corporal. As pessoas se percebem no contato com o outro e, assim, a imagem corporal se constrói pela combinação do olhar do outro com as experiências pessoais.

No bebê, isso é mais visível; há uma exploração do próprio corpo e a mãe auxilia no reconhecimento desse corpo e na formação da imagem corporal (Olivier 1995).

O discurso da mãe transmite um conteúdo por meio do qual a realidade externa vai adquirir um sentido para a criança. A mãe é quem vai servir de intérprete do mundo.

A realidade, que em princípio é desprovida de um significado, vai se apresentar para a criança por meio do discurso da mãe. Este traz para a criança toda uma representação do que ela é ou do que a mãe gostaria que ela fosse, que se tornará parte integrante do ego da criança, constituindo o que denominamos de ego ideal.

O ego da criança apropria-se desse discurso para constituir-se. No início, crê ser aquilo que a mãe diz que é – um nome, um pensamento –, para, em seguida, poder ela mesma ter os próprios pensamentos a respeito de si. No princípio, a criança não tem condições de discernir o que é projetado sobre ela do que lhe é próprio; ela não pode se opor aos enunciados identificatórios. Mas existe uma possibilidade de contradição; quando isso ocorre, ela se manifesta através do corpo. Então o ego da criança é constituído pela percepção da imagem corporal da mãe, que a criança projeta sobre si mesma, e pelo produto da projeção do desejo materno sobre a criança, mais as vivências corporais da própria criança.

Angelergues (1973) salienta a importância do aspecto relacional, particularmente do papel materno, na construção da imagem corporal da criança e do futuro adulto. Segundo Ana Freud,

> no começo da existência o fato de ser acariciado, abraçado e tranqüilizado pelo contato cutâneo erotiza as diversas partes do corpo e um eu corporal sadio aumenta os investimentos da libido narcísica e simultaneamente favorece o desenvolvimento do amor objetal, aumentando as ligações da criança com a mãe. (1946, p. 65)

O narcisismo vivido na infância corresponde a um momento prazeroso, no qual a percepção opera uma unificação do corpo, até então experimentado como um corpo fragmentado, momento este em que se vive a alegria de saber-se *único* e de reconhecer-se especularmente como um "eu", de poder nomear-se na primeira pessoa, constituindo a instância psíquica conhecida como ego. De acordo com Freud (1974a), um ideal de ego bem estruturado resistirá às agressões do tempo, seja ele interno ou externo, da imagem e dos mandatos sociais. Assim sendo, de acordo com a singularidade de cada ser, este não sucumbirá às feridas narcísicas. Supõe-se então que o ideal do ego não será, assim, soterrado pelo eu de feiúra e horror.

Freud (1969) enfatiza que "todo conhecedor da vida psíquica do homem sabe que não há nada mais difícil do que a renúncia a um prazer já provado. A bem dizer, nós não sabemos senão trocar uma coisa pela outra". A concepção freudiana de ideal de ego (1974a) é uma conseqüência direta dessa constatação. O ideal do ego aparece aí como o substituto da perfeição narcísica primária, mas um substituto separado do ego por um desvio que acarretará uma ruptura que o homem procurará abolir.

O homem, sendo incapaz de renunciar a uma satisfação da qual ele gozou uma vez, não quer se desligar da perfeição narcísica de sua infância e procura recuperar, mediante uma nova forma de um ideal de ego, essa perfeição precoce que lhe foi arrancada. O que ele projetou diante de si como um ideal é simplesmente o narcisismo perdido de sua infância, do tempo em que ele tinha a si mesmo como seu próprio ideal.

De acordo com Araújo (2002), o ego ideal erige-se como uma referência perene no psiquismo, uma ilusão e um modelo ao qual o eu sempre buscará "retornar" para a posição na qual estava a perfeição narcísica e na qual se assenta a ilusão de ter sido amado e admirado sem restrições.

O que arrancou ao homem a perfeição narcísica de sua infância seria, nesse contexto, o conjunto das admoestações de outrem e o despertar de seu próprio julgamento crítico.

"A doença da idealidade" é universalmente espalhada e, se não morremos todos disso, disso estamos todos contagiados. E isso fica claro quando se trata da imagem corporal "ferida", pelo tempo, por traumas que excedem a capacidade adaptativa, além de fatores biológicos, socioculturais, da eminência da morte, entre outros.

As limitações corporais e a consciência da temporalidade são problemáticas. Mudanças na imagem corporal e no papel interpretado dentro da família fazem com que a pessoa assista ao seu próprio declínio, além das perdas objetais. Corpo e tempo mesclam-se e interligam-se no desenvolvimento da vida.

O corpo é o objeto mais privado que possuímos, mas, simultaneamente, é através dele que nos damos de imediato na interação social; também é visto como objeto social, objeto público, no sentido de que as representações que temos dele são socialmente construídas e partilhadas, e porque é, por excelência, um objeto de troca social, o corpo é matéria e signo. É um objeto de troca e de consumo. Na expressão de Baudrillard (1970), é mesmo "o mais belo objeto de consumo".

Para Bourdieu (1979), o corpo funciona como lugar de categorização social, como superfície de inscrição de marcas distintas. Observa-se que as "marcações" operadas pelo vestuário ou pelos modos de apresentação de um corpo nu ou seminu, das ficções dos corpos dos desportistas ou de atletas sexuais, vão ser tão marcantes quanto os mecanismos de estigmatização de um corpo doente, deficiente, deformado, cicatrizado (Goffman 1980).

Tanto na mulher cardiopata jovem como na idosa, como veremos mais tarde, há uma vivência de crise narcísica intensa quando ocorre um desequilíbrio por um desses fatores ou pela conjunção deles.

O autoconhecimento passa pelo corpo. Este está diretamente ligado ao processo de compreender, recordar e se individuar. O corpo traz marcas de sua história. Portanto, a imagem corporal é uma reconstrução constante durante o desenvolvimento humano.

De acordo com Schilder (1994), compreende-se por imagem corporal a figuração mental que o indivíduo tem de seu esquema corporal. Entretanto, Fischer e Clevelend (1958), revendo a formulação inicial de Schilder, apontam que imagem corporal é termo que se refere ao corpo, como uma experiência psicológica, e que focaliza as atitudes e os sentimentos do individuo para com seu próprio corpo. Diz respeito às experiências subjetivas com o corpo e a maneira como foram organizadas tais experiências.

Vayer (1973) considera o esquema corporal como uma organização das sensações relativas ao próprio corpo e sua relação com o mundo exterior, considerando a atividade tônica (voltada para o próprio sujeito) e a atividade cinética (voltada para o exterior do organismo) como o modo pelo qual o corpo se apresenta para nós. Portanto, a imagem corporal é o conceito, a vivência que se constrói sobre o esquema corporal e que traz consigo o mundo das significações. Na imagem estão presentes os afetos, os valores, a história pessoal marcada nos gestos, no olhar, no corpo que se move, que repousa, que simboliza.

Para Dolto (1992, p. 140), "a imagem do corpo é, a cada momento, a memória inconsciente de toda vivência externa e, ao mesmo tempo, é atual, viva, achando-se em situação dinâmica, narcísica, inter-relacional". Busse (1999) ratifica essa questão em seus tratados sobre adolescência e anorexia.

Considera-se, então, que a imagem corporal é a impressão do ponto de vista subjetivo, a que temos do próprio corpo. Tal impressão destaca-se em relação às outras, pois ela é a base do narcisismo (amor próprio). É por meio dela que as relações com o ambiente são estabelecidas. Quando há o estabelecimento de uma ferida narcísica, o homem tende a buscar de volta aquilo que já possuiu como sua base de equilíbrio. Portanto, ser Homem é, sem dúvida e antes de tudo, ter a nostalgia de sua perfeição ancestral. O

Homem é, assim, um animal doente à procura do tempo perdido, aquele tempo em que "ele era, ele mesmo, seu próprio ideal" (Freud 1974a). Isso implica uma busca eterna dessa parte do narcisismo (discutido no início do capítulo) que a "disfusão" primária lhe arrancou (fusão primária – mãe x filho).

Muitas vezes, os psicanalistas reduzem o ideal de ego a um modelo que o sujeito deseja atingir, porém, a labilidade da imagem corporal justifica-se pela influência que sobre ela exercem os estados emocionais, os conflitos psíquicos, os intercâmbios com as imagens corporais alheias. Schilder (1950) também considera que o elemento social é um dos fundamentos na construção da imagem corporal, "pois somos um corpo entre corpos".

Cash (1993) afirma que a imagem corporal se refere à experiência. psicológica de alguém sobre a aparência e o funcionamento biológico de seu corpo. Segundo o autor, há um descontentamento relacionado ao corpo principalmente em relação à obesidade e à doença que se exterioriza.

Por falar em obesidade, independentemente de sua relação com questões estéticas, atualmente ela é considerada um dos fatores de risco muitas vezes presentes nas mulheres cardiopatas, levando-as, além de todo o transtorno em termos de tratamento, a terem uma imagem corporal negativa. Essa questão também advém de uma ênfase cultural na magreza e no estigma social da obesidade.

De modo geral, os estudos sobre imagem corporal apontam para prejuízos relacionados à insatisfação, à depreciação, à distorção e à preocupação com a auto-imagem e a auto-estima, todos eles sendo fortemente influenciados por fatores socioculturais (Cash 1993).

Demaret e Langer (1996), Gittelson *et al.* (1996) e alguns outros autores, entre eles Foster, Wanden e Vogt (*apud* Gittelson *et al.* 1996), Leonhard e Barry (1998) e Ogden e Evans (1996), fazem menção à Teoria do Descontentamento Normativo, que sustenta a idéia de que a insatisfação com o próprio corpo parece estar relacionada às exigências sociais e culturais da aparência. Observa-se que nas mulheres cardiopatas obesas, idosas e jovens, com doenças cardíacas congênitas, essa questão tem um grande peso.

De acordo com Perez e Romano (2003), "vivemos a Estética do videoclipe, e a lógica do existo se apareço, vive-se no domínio do imagético e não do simbólico".

Muito embora a auto-estima dependa intimamente da libido narcísica, segundo Freud (1974a), a finalidade e a satisfação de uma escolha objetal e narcísica consiste em que o indivíduo seja amado.

Em *O ego e o id*, Freud (1974b) enunciou que "o ego é antes de tudo corporal; não é simplesmente uma entidade de superfície, mas é, ele próprio, a projeção de sua superfície".

Wallon (1963) acentua a importância dos fatores relacionais e emocionais subjacentes à construção da imagem do corpo. De simples organização biológica (paradoxalmente, o corpo é talvez aquilo que de menos biológico possuímos), o corpo transforma-se progressivamente no referente material do próprio conceito ou da imagem de si – "eu tenho um corpo".

L'Ecuyer (1978) considera que a expressão "eu sou um corpo" corresponde à experiência do corpo vivida como "eu-somático".

Para Aulagnier (1992), o corpo faz-se visível e manifesta-se através de inúmeros sinais : "corpo manifesto" falando de um "corpo latente" que permanece oculto. Entre os signos possíveis do corpo visível, toma especialmente dois: emoção e sofrimento somático, que considera os mensageiros, por excelência, do psiquismo para suas manifestações no plano somático.

O sofrimento causado por uma doença cardíaca vem informar que algo que acreditávamos magicamente invulnerável pode ser afetado, que algo que permanecia oculto dentro do peito pode aparecer, provocando também uma reação em quem o testemunha. Dizemos então que dor e emoção são relacionais, pois realizam uma conexão entre o corpo sensorial e um corpo relacional. São mensageiros porque, além de falar das próprias manifestações somáticas, possibilitam diferentes leituras das reações dos outros.

Então, como entender as dificuldades e distorções vividas pela mulher cardíaca, independentemente de sua idade, de sua história de vida e de suas condições clínica e cirúrgica?

Nas experiências e nas pesquisas que têm sido realizadas em nosso serviço de psicologia com mulheres cardiopatas com diferentes patologias e idades que são submetidas à cirurgia cardíaca, observamos que a doença propriamente dita, a cirurgia e as cicatrizes de tórax e pernas, entre outras, causam um grande impacto na imagem corporal. Também são observadas diferenças individuais na reação ante tal situação, na medida em que, para cada uma, aquela "perda" tem um significado peculiar de maior ou menor valoração.

Algumas mulheres ressentem-se muito com o que vêem em seus corpos no pós-operatório, a alteração corporal, não conseguindo, de início, olhá-los diretamente. Não querem ver o corpo "retalhado", "castrado", cicatrizado, maculado pela cirurgia. Observamos que atualmente, ao contrário do que vinha sendo constatado anteriormente, as cicatrizes dos membros inferiores têm sido consideradas causa de grande angústia – tanto quanto a cicatriz do tórax –, pois muitas vezes tomam toda extensão das duas pernas. "O peito fica mais fácil de esconder", revelam. Em contrapartida, a cicatriz do peito (tórax) indica a condição de mártires, simbolizando que passam ou passaram por um grande sofrimento, tendo resistido a ele.

O atendimento a essas pacientes tem-nos permitido olhar de perto não só o impacto da doença e da cirurgia, como a frustração vivida pela percepção do declínio funcional quando se trata de pacientes idosas.

Em relação às pacientes jovens e adolescentes que convivem com doenças cardíacas congênitas e/ou adquiridas durante as primeiras fases da vida, o que se tem observado é uma exacerbação de sentimentos de inferioridade após a cirurgia, quando não foi possível a elaboração psicológica de tais sentimentos.

Questões pregressas pertencentes à história pessoal de cada uma delas em relação à auto-estima, bem como em relação à imagem corporal (inclusive a maneira como foram cuidadas pelos pais antes da cirurgia), têm emergido durante a internação hospitalar.

Observa-se que os modelos exigidos culturalmente em relação à aparência física atuam de forma repressiva na reconstrução da imagem corporal pós-cirúrgica, implicando a consciência que elas têm de seus corpos, assim como na auto-estima.

A vulnerabilidade da auto-estima, tão bem descrita por Kohut (1992), está, sem dúvida, nas personalidades narcísicas que temos acompanhado. As mulheres, independentemente da idade e de seus estados físicos ("esteticamente" falando), sofrem um impacto imenso por terem uma doença que atinge o órgão que simboliza a vida, as relações sociais e emocionais com o mundo, além das "feridas" que tais situações lhes causam... O coração, como símbolo de amor, ódio e vida, quando maculado, causa uma ferida narcísica profunda nesse tipo de personalidade. A convivência com uma marca física, que declara literalmente que se foi invadido naquilo que se tem de mais íntimo, causa profunda angústia.

Quando um acontecimento ligado à dor ou à emoção irrompe em uma história singular, a construção que o sujeito fará dessa ocorrência dependerá não só da conexão particular entre o seu corpo e sua psique, mas também da resposta que sua dor ou sua emoção gera no outro.

Temos observado, em nossa experiência com pacientes cardiopatas, que emoção e dor vão formando sucessivas representações do corpo, que se articularão com as motivações inconscientes, e, juntas, estas decidirão sobre a eleição da causa à qual o sujeito vai atribuir o sentido histórico dos acontecimentos de sua vida.

A identidade de um sujeito será, então, essa história que ele mesmo escreve, na qual fala de seu corpo. Observamos nas pacientes cardiopatas, no período pós-cirúrgico, também as reminiscências, principalmente naquelas que se consideram, embora o sejam de fato, idosas, e com condições de vida socioeconômica também adversas.

Sem dúvida, é de suma importância considerar a influência dos aspectos sociais sobre o envelhecimento populacional, pois, no Brasil, como em todos os países em desenvolvimento, as modificações demográficas não estão sendo acompanhadas pelas transformações socioeconômicas necessárias para uma melhor qualidade de vida de jovens, idosos e, conseqüentemente, para uma melhora da auto-estima, já prejudicada pelo adoecer.

Korovsky (1993) também entende a crise de senescência como sendo uma crise narcisista, na qual a pessoa assiste a seu próprio declínio, além das perdas objetais. Ruiz (1992) compara a crise do envelhecimento, bem como do adoecimento que necessite de cirurgia, com a crise da adolescência, por haver, em ambas, a necessidade de elaborar perdas, de adaptar-se a mudanças e de reafirmar o sentido de identidade. O autor aponta que as perdas da velhice e da doença implicam intensas frustrações e uma diminuição da capacidade de estabelecer novas relações de objeto, levando ao mecanismo de regressão para manter o sentido de esperança.

Por fim, se houve no passado identificações narcisistas positivas e relações objetais gratificantes, as reminiscências fortalecem o sentimento de identidade; se as reminiscências evocam identificações narcisistas negativas, desencadeia-se a depressão e uma regressão à etapa pré-edípica, podendo levar à psicose. Nesse processo, a ferida narcísica levaria à dependência de familiares.

A história do sujeito é a história das marcas relacionais de dor e emoção em seu corpo; esta é sua identidade, é a história que ele escreve atribuindo sentidos a essas marcas, é uma história que jamais se completa.

Tal identidade corporal, que parece ser definitiva, deve sempre permanecer em aberto para que o sujeito possa aceitar as mudanças que o tempo impõe, sem perder o sentido de permanência.

A preocupação centrada em um órgão doente evita a angústia diante do todo de um corpo decadente; embora a doença represente uma ataque narcísico aos ideais de onipotência e perfeição, localiza o sujeito em outro papel.

A auto-imagem é uma configuração da aparência verdadeira e dos intensos fatores psicológicos e sociais que afetam a interpretação da própria aparência. Então os distúrbios na imagem corporal são muitas vezes provocados por uma falha na percepção do corpo e de suas partes como elas realmente existem e são.

Doenças que levam a cirurgias, com modificações especiais no corpo, bem como cicatrizes que caracterizem uma marca muito evidente, alteram a imagem corporal. A libido psicológica fica concentrada na parte alterada e as outras perdem a sua importância, isto é, a parte sintomática do corpo torna-se isolada, havendo uma tendência a expulsá-la da imagem corporal.

A doença cardíaca, acompanhada de "marcas", causa alterações na configuração que a mulher portadora dessa doença tem de si.

Podemos concluir, então, que a noção do corpo (biopsicossocial) e de imagem corporal é essencial para a consolidação da identidade do indivíduo.

Bibliografia

ANGELERGUES, R. (1973). "Reflexions critiques sur la notion de schema corporel". *Association de Psychologie Scientifique de Langue Francaise*, XV, et Session d'Études, set., pp. 27-29.

ARAÚJO, J.C. (2002). "Narcisismo e relações narcísicas de objeto". Monografia. Campinas: Unicamp.

AULAGNIER, P. (1992). *A violência da interpretação*. Rio de Janeiro: Imago.

BAUDRILLARD, J. (1990). *La societé de consommation*. Paris: Gallimard, pp. 9-16.

BOURDIEU, P. (1979). *La distinction*. Paris: Minuit, p. 23.

BUSSE, S.R. (1999). "Anorexia nervosa". *In*: ASSUMPÇÃO, J.R. e KUCZYNSKY, F.B. *Adolescência normal e patológica*. São Paulo: Lemos, p. 34.

CASH, T.F. (1993). "Body image attitudes among obese enrollees in a commercial weight-loss program". *Perceptual and Motor Skills*, 77(3), pp. 1.099-1.103.

DEMARET, J. e LANGER, E. (1996). "Perception of body shape by underweight, average, and overweight men and women". *Perceptual and Motor Skills*, 83(2), pp. 569-570.

DOLTO, F. (1992). *A imagem inconsciente do corpo*. São Paulo: Perspectiva.

FISCHER, S. e CLEVELEND, S.E. (1958). *Body and personalitty*. Princeton: Graw Hill, p. 98.

FREUD, A. (1946). *O ego e seus mecanismos de defesa*. 9ª ed. Rio de Janeiro: Civilização Brasileira.

FREUD, S. (1969). *Três ensaios sobre a sexualidade*, vol. VII. Rio de Janeiro: Imago, pp. 121-252.

_____ (1974a). *Sobre o narcisismo. Uma introdução*, vol. XVI. Rio de Janeiro: Imago.

_____ (1974b). *O ego e o id*. Rio de Janeiro: Imago.

GITTELSON, J. *et al.* (1996). "Body image concepts differ by age and sex in an ojibway-cree community in Canada". *Journal of Nutrition*, 126, pp. 2.990-3.000.

GOFFMAN, E. (1980). "Estigma: Notas sobre a manipulacão da identidade deteriorada". Rio de Janeiro: Zahar.

KOHUT, H. (1992). *Análise do self*. Porto Alegre: Artmed, p. 68.

KOROVSKY, E. (1993). "Psicoanálisis en la tercera edad".*VIII Jornadas Psicoanalíticas de Associación Psicoanalítica del Uruguay*. Montevidéu.

L'ECUYER, R. (1978). *Le concept de soi.* Paris: PUF, p. 7.

LEONHARD, M.L. e BARRY, N.J. (1998). "Body image and obesity effects of gender and weight on perceptual measures of body image, addictive". *Addictive Behaviors,* 23(1), pp. 31-34.

OGDEN, J. e EVANS, C. (1996). "The problem with weighing, effects on mood, self-esteem and body image". *International Journal of Obesity and Related Metabolic Disordes,* 20(3), pp. 272-277.

OLIVIER, G.G.F. (1995). "Um olhar sobre o esquema corporal. A imagem corporal, a consciência corporal e corporeidade". Dissertação de mestrado. Campinas: Unicamp.

PEREZ, G.H. e ROMANO, B.W. (2003). "Apoio familiar e suas repercussões na adesão ao tratamento da obesidade". *Rev. Soc. Cardiol. Estado de São Paulo,* 13(1), supl. A, jan./fev.

RUIZ, A.M. (1992). "Senescência". *Psicoanalítica,* 3(49), pp. 718-719.

SCHILDER, P. (1994). *A imagem do corpo.* São Paulo: Martins Fontes, pp. 51-89.

VAYER, P. (1973). *El niño te al mundo.* Barcelona: Científico Médica, p. 4.

WALLON, H. (1963). *A evolução psicológica da criança.* Lisboa: Edições 70.

WILDE, O. (1989). *O retrato de Dorian Gray.* São Paulo: Francisco Alves.

CONHEÇA E LEIA

RUMOS DA PSICOLOGIA
HOSPITALAR EM
CARDIOLOGIA

Maria de Fátima P. de Oliveira e
Silvia M. Cury Ismael (orgs.)

Os textos desta coletânea foram reunidos em três partes temáticas: A primeira debate aspectos gerais do atendimento em psicologia hospitalar e algumas questões que ganharam relevo recentemente sobre a atuação do psicólogo na cardiologia. A segunda apresenta a utilização de técnicas psicológicas no contexto hospitalar e sua aplicabilidade. Na terceira parte são abordados os diversos aspectos psicológicos de importante análise, específicos das cardiopatias, e os conseqüentes problemas ou distúrbios que emergem durante o tratamento no hospital.

Assim, com esse conjunto de temas, os autores esperam poder contribuir para o aprofundamento dos conhecimentos na área.

ISBN 85-308-0354-X   248 pp.

Especificações técnicas

Fonte: Times New Roman 10,5 p
Entrelinha: 13,5 p
Papel (miolo): Off-set 75 g
Papel (capa): Supremo 250 g
Impressão: Gráfica Paym